JN100827

Psychological Safety

心理的安全性と学級経営

Classroom Management

大前暁政
著

東洋館出版社

Psychological Safety

心理的安全性と学級経営の関係を読み解く

Classroom Management

はじめに

個人や集団の力を発揮させるには、これまで、次のような環境が必要とされてきました。

- 明確な目標やゴールが示されていること。
- 活動に必要な能力が個々に備わっていること。
- 行うべき仕事がモチベーションを高めるものであること。
- 活動するための物や場所などの資源が十分にあること。
- 助けや支援を求められる機会があること。
- 集団外の人とも協力できる環境にあること。

こうした環境が整っていれば、個としても、集団としても、力を十分に発揮できると考えられていたのです。2000年ぐらいまでの話です。

ところが、2000年を過ぎたあたりから、これらの条件だけでは不足していることが明らかになってきました。

集団に心理的安全性がないと、個としても、集団としても力を発揮できない。

そういうことが、わかってきたのです。

私たち教師も、言われてみると、このことは実感としてうなずけると思います。心理的安全性のない状態では、学級はうまくいきません。

ある学級では、誰もが挙手しての発表を嫌がりました。音楽の合唱でも、大きな声量で歌う子は一人もいませんでした。理由は、いじめが横行しており、目立つ行動をとると馬鹿にされるからです。失敗しようものなら、みんなから攻撃されるからです。

このような学級では皆、失敗を過度に恐れています。何かに挑戦しようとする子もいません。「失敗しても挽回すればよい」「失敗から学べばよい」といった「楽観的な雰囲気」はありません。個性も発揮できません。個性的な意見を言うと、すぐに強い否定の「悪口」や「文句」が返ってくるからです。嘘のようですが、このような学級は存在します。

どんなに授業の方法を習得していても、学級経営の方法を習得していても、心理的安全性のない状態では、うまく「方法論」を生かすことができません。授業や学級経営がうまくいかないとき、心理的安全性が確保できていないことが要因かもしれないのです。

教育の世界において、心理的安全性を確保する取組を体系化した書籍は皆無です。

しかし、優れた先人は、心理的安全性を確保するための取組を行っていたはずです。私たちは先人に学び、現在の理論や実践に学び、心理的安全性の確保を、体系化して理解しないといけないと思うのです。

本書は、学級経営において、心理的安全性を確保する方法を整理し、紹介することを目的とします。

なぜ、心理的安全性の確保が必要なのでしょうか。

それは、個と集団の学びや成長を促すためです。そして、学級集団を「高いパフォーマンスを発揮するチーム」に育てるためです。

そのためには物理的な環境を整えるだけでなく、心理的な環境である「心理的安全性」を確保する必要があるのです。

本書を読めば、心理的安全性を確保する理論と方法がわかるはずです。そして実践してみると、ちょっとした工夫でも、大きな成果が得られることに気付けるはずです。私たち教師は、全員が、心理的安全性を確保する理論と方法を知っておかないといけないのです。

令和5年2月　大前暁政

※なお本研究の一部は、ＪＳＰＳ科研費ＪＰ２０Ｋ０３２６１の助成を受けて行った。

心理的安全性とは何か？

心理的安全性を確保する土壌づくり

心理的安全性を確保するための集団づくり・雰囲気づくり

CHAPTER 4

ハイパフォーマンスを発揮できる学級経営

心理的安全性を確保する教師の姿勢

CHAPTER

1

心理的安全性とは何か？

ある事例

ある荒れた学級にて

荒れた学級では、次のような子供の姿が見られます。

子供同士の関係性が悪く、どこかギクシャクしています。特定の子と会話を避けたり、チームになるのを嫌がったりします。陰でいじめが横行している場合もあります。

チームで活動させても、うまく協力できません。役割に立候補する子は少数ですし、積極的にアイデアを出す子も少数です。

時には喧嘩になることもあります。「きちんと仕事をしてくれない」「相手が自分を馬鹿にする」など、理由は様々です。お楽しみ会ですら、喧嘩が何度も起きて、大混乱で終わります。

子供集団に差別の構造があります。権力の強い者と弱い者に分かれているのです。そして、いつも虐げられている子がいます。

授業中、学習と関係ないことをしたり、教師の指示通りにせず遊んだりします。「４人班で話し合いをしなさい」と指示しても、表面的な話し合いで終わります。時には、学習に関係のない話に終始することもあります。

頑張っている子を馬鹿にして足を引っ張ろうとします。行事などで、責任ある役割に立候補を募っても、誰も手を挙げません。それどころか、目立つ役を避けようとします。

荒れた学級では、このような様子が日常茶飯事です。

私は一度、学級の全員が発表を拒否した授業を見たことがあります。授業開始の簡単な発問に対して、全員が「答えたくない」と挙手を拒否したのです。

教師は仕方ないので、一人一人指名していきました。「わかりません」「言いたくありません」と続き、何と、全員を一周してしまったのです。しかもこれは、多くの教師が見に来ている「公開授業」での話です。普段はもっとひどい状況だと担任の教師は嘆いていました。

このような学級では、個々の子供にどんなにやる気や能力があっても、力を発揮することは難しくなります。

よい雰囲気のある学級

反対に、よい雰囲気の学級もあります。

責任のある役割に進んで立候補する子が多くいます。班で話し合いの時間をとると、活発に議論が行われます。問題点を指摘し合ったり、別のアイデアがないか検討し合ったりすることができます。

自分の考えを、進んで発表します。突拍子のない意見が出ても、無下に扱われません。それどころか、新しい発想だと歓迎されます。

毎週のように学級でイベントが開催されます。教師が指示しているわけではなく、子供たちが進んでイベントを企画し、運営するのです。

学級に貢献する活動も進んで行われます。教室美化をしてくれたり、学級の困ったことを解決しようとしてくれたりと、進んで動いてくれるのです。よりよい学級をつくるためのアイデアが浮かんだら、教師に助言してくれます。そして実行してくれます。例えば、仲間づくりのために、休み時間にランダムにチームをつくって遊ぶなどの企画を実行してくれます。

また、個々が高い目標に向かって次のようなことに挑戦するようになります。

- スポーツの大会で入賞する。
- 地域のイベントにチームをつくって出場する。
- 研究論文１００枚に挑戦する。
- 美しい新聞を発行して掲示する。
- 百人一首を全部覚える。
- 数学的な難問に挑戦する。
- 何かのコンクールに挑戦する。

さて、このように学級によって子供たちの動きに違いが出るのはなぜでしょうか。チームでの活動の様子が異なるのはなぜなのでしょうか。

その大きな要因の一つが**「心理的安全性」**の有無にあるのです。

心理的安全性とは

心理的安全性とは何か？

「心理的安全性（Psychological Safety）」とは、集団の中で、対人的な恐れがなく、安心して発言・行動できる心理的な状態を指します。

心理的安全性という概念を最初に提唱したのは、マサチューセッツ工科大学のエドガー・シャイン氏（Edgar H. Schein）とウォーレン・ベニス氏（Warren G. Bennis）です。１９６５年の著書「Personal and organizational change through group methods : the laboratory approach」で、組織において高いレベルの学習を促進するには、心理的安全性が必要であると説きました。心理的安全性によって、他者から批判される不安から解放され、率直に、誠実にコミュニケーションをとれるようになり、学習が促進されるとしたのです。

そして心理的安全性という言葉を一躍有名にしたのが、ハーバード大学で組織行動学を研究しているエイミー・エドモンドソン氏（Amy C. Edmondson）です。エドモンドソン氏は心理的安全性の定義に関して、１９９９年に発表した論文「Psychological Safety and Learning Behavior in Work Teams」の中で、次のように述べています。

> チームの心理的安全性とは、チームにおいて、対人関係のリスクを冒しても安全であるとの信念がメンバー間で共有された状態であると定義される。（中略：大前）自分が発言することに対して、他のメンバーが恥じたり、拒絶したり、罰を与えたりしないという確信をもっている状態である。
> （３５４ページ・著者翻訳）

これは主に、チームの中での心理的安全性に関して述べたものです。自分の発言や反論、指摘などによって、人間関係の悪化を招くことがないという安心感が共有されていると、チームの中に心理的安全性があると言えるのです。

心理的安全性があることによって、チームで行う活動の成果や学びが促進されるとされています。エドモンドソン氏は、この論文で次のように述べています。

> チームに心理的安全性があることで、学習行動の際にしばしば伴われる（自分が失態を演

じて相手から無能と思われるかもしれないという）困惑や脅威をもたらす行動への、他者の反応に関して、過度の懸念を軽減するため、チームでの学習行動を促進するはずである。（355ページ・著者翻訳）（前掲書より、※（　）部分は大前が補足を追加）

ここで大切なのは、何らかの学習行動（チームの中で、メンバー個々がフィードバックを求めたり、情報を共有したり、助けを求めたり、間違いを指摘したり、新しいことを試したりする行動をとって、チームが適切に機能できるようにすること）を促進するには、チームが活動しやすい物理的な環境を用意するだけでは不十分だという点です。つまり、心理的安全性という、「心理的な要因」を満たさないといけないのです。

エドモンドソン氏は、他の書籍でも、心理的安全性に関して定義しています。

「心理的安全」とは、関連のある考えや感情について人々が気兼ねなく発言できる雰囲気をさす。
（エイミー・C・エドモンドソン［著］、野津智子［訳］（2014年）『チームが機能するとはどういうことか』、英治出版、153ページ）

心理的安全性とは、大まかに言えば「みんなが気兼ねなく意見を述べることができ、自分らしくいられる文化」のことだ。
（エイミー・C・エドモンドソン［著］、野津智子［訳］、村瀬俊朗［解説］（２０２１年）『恐れのない組織』、英治出版、14～15ページ）

エドモンドソン氏は、心理的安全性を、チームのメンバー間で共有された信念であるととらえ、チームの文化や風土として心理的安全性を確保する重要性を指摘しました。個人の資質よりも、チームの文化や風土に着目したところに、氏の主張の新しさがありました。

2 学級における心理的安全性の例

では、学級経営において心理的安全性にはどのようなものがあるでしょうか。例えば、よく学校では「意見と人は区別しなさい」と子供に教えます。学校教育に携わる教師なら、何度も口にした言葉かもしれません。相手がどんな反論を言おうと、それは人を攻撃しているわけではありません。あくまで意見に対する反論です。だから喧嘩をしなくてもよいのです。意見への反論だと割り切って、感情的にならずに、意見の交換をしなさいと促すわけです。

討論を中心に学習を進める際には、「意見と人は区別する」というルールの共有が不可欠です。このルールを共有することで、意見が食い違っても、反論し合っても、人格を攻撃される恐れがないという心理的安全性が確保できるからです。

心理的安全性は、もちろん授業だけのことではありません。

普段の学級での生活でも、心理的安全性の有無が、大きな影響を子供たちに与えています。

ある学校で、権力の強い子と弱い子に分かれてしまっていた学級がありました。その学級では、権力の強い子が、休み時間の遊びで、自分に有利なチームを決めていました。他の子は、チームの決め方が間違っていると思いつつも、権力をもつ子に嫌われたり、喧嘩になったりするのが嫌で、反論できませんでした。しかし、だんだんと、子供集団の差別構造が壊れ、平等の雰囲気がつくられていくと、「その決め方はおかしい」という意見が出始めました。これまで問題点を指摘できなかった子供たちが、自分の考えを主張するようになったのです。

結局、ジャンケンで公平にチームを決めることに変わりました。差別構造が崩れるにしたがって、ようやく心理的安全性が生まれ、問題点を指摘できるようになったのです。

 心理的安全性が低くなる要因

エドモンドソン氏は、心理的安全性が低くなる原因を次の四つと考えました。

①無知だと思われる不安
②無能だと思われる不安
③ネガティブだと思われる不安
④邪魔をする人だと思われる不安
（エイミー・C・エドモンドソン［著］、野津智子［訳］（2014年）『チームが機能するとはどういうことか』、英治出版、158ページ）

チームで仕事をする際には、質問したり、自分の間違いを認めたり、支援を求めたり、批判的な目で評価したり、自分の仕事に対して意見を求めたりすることが必要になります。ところ

が、このような行動（学習行動）をとると、無知や無能、ネガティブ、邪魔をする人だと、周りから評価される不安も生まれます。エドモンドソン氏は、企業や病院などの職場環境における心理的安全性の効果を研究しています。その中で、上司や部下、同僚などからの評価を気にして、気兼ねのない発言ができなくなることを明らかにしたのです。

本書の役割

大企業へと急成長したGoogleが「生産性の高いチームは心理的安全性が高い」との研究結果を発表し、心理的安全性という言葉が注目を浴びるようになりました。

Googleは２０１２年から約４年間をかけて、成功し続けるチームに必要な条件を探る「プロジェクト・アリストテレス（Project Aristotle）」を実施しました。Google社内の１８０のチームを分析対象として、生産性の高いチームと低いチームを、様々な角度から比較し、「成功するチームが持つ条件」を五つ明らかにしたのです。

①チームの「心理的安全性」（Psychological Safety）が高いこと

②チームに対する「信頼性」(Dependability) が高いこと
③チームの「構造」(Structure) が「明瞭」(Clarity) であること
④チームの仕事に「意味」(Meaning) を見出していること
⑤チームの仕事が社会に対して「影響」(Impact) をもたらすと考えていること
(ピョートル・フェリクス・グジバチ［著］(2018年)『世界最高のチーム グーグル流「最少の人数」で「最大の成果」を生み出す方法』、朝日新聞出版、27ページ)


この五つのうち、最も重要なのが「心理的安全性」であり、他の条件の土台とされました。

教育の世界でも、心理的安全性を確保することは重要です。優れた学級経営を行ってきた先人たちも、心理的安全性の確保を意識していたはずです。

私たち教師は、心理的安全性を、学校において考えていく必要があります。本書では、心理的安全性を、オープンに意見を言える雰囲気をチーム内につくることだけに限定しません。

本書ではもう少し幅広い概念としてとらえています。つまり、集団の中で、「自分らしさを発揮できること」「自由に自分の夢を描き行動できること」をも含むものとしてとらえます。

心理的安全性がないとなぜパフォーマンスが落ちるのか

誰もが雰囲気に従って行動している

先ほど、心理的安全性とは、チームのメンバー間で共有された信念であると言いました。言い換えると、**チームが共有している雰囲気や文化、風土**と呼べるものです。

例えば、4月に調べ学習をチームで行います。チームごとにテーマに沿った調べ学習を行い、大切な内容を整理してプレゼンする活動です。活動前に、教師が次のように話をしました。

> チームの活動では、役割分担して進めてもらいます。資料を読むのは全員でやります。その後、新しい資料を探す係、調べた内容を整理する係、プレゼンをつくる係、発表係などに分かれます。自分の力が活かせる係になれたらいいですが、自信のない係になっても大丈夫で

す。先生がいつでも助けますし、みんなも助けてあげてください。失敗しても何とかなりますから、やりたい係を選んでください。

4月最初の活動ですから、役割に立候補してくれた子に対し、教師は手厚い支援を行います。また、子供同士で助け合う環境もつくります。1時間の学習が終わったら、「困ったこと、助けてほしいこと」を出し合う時間をとります。そしてチーム内で助け合いを促します。

さらに、「失敗から学べるから大丈夫」「失敗しても挽回できるから大丈夫」という温かい言葉かけを教師が行います。

こうして、4月最初のチームの活動はうまくいきました。活動中に失敗や困ったことがあっても、友達や教師が助けてくれました。失敗から学べることもわかり、挽回できることも体験できました。個々の子は、「この学級では、自信のない役割を担当することになっても、周りが励ましてくれ、助けてくれる。安心して活動できる」と理解できました。

たった1回の活動ですが、学級集団に、「困ったら助け合う」「失敗を許容する」という雰囲気が生まれてきました。結果として、学級の中に、「失敗してもいいから、やりたいことに挑戦すればよい」という心理的安全性が生まれてきたのです。

この現象を細かく見ていきます。挑戦する前に、「いつでも助けるから大丈夫」と教師が宣言しています。この一言で、挑戦することに対する心理的安全性が高まっています。続いて、教師の援助や、仲間との助け合いの経験を通すことで、「挑戦しても大丈夫だ」という理解を個々がしています。そして、「やりたいことに挑戦しても大丈夫」という雰囲気がさらに強まっています。

最終的に、チームの活動がうまくいったという共通体験をしています。この共通体験で、さらに心理的安全性は高まりました。子供の中には、「自分は引っ込み思案だ」とか、「自分はあまり力がない」といったネガティブに考える癖がついている子もいます。しかし、そのような個々の資質があったとしても、集団の雰囲気や文化、風土に影響され、自分も挑戦しようと思え、実際に挑戦できたのです。

つまり、心理的安全性が確保できると、**子供たちはその雰囲気に従って自然と行動するようになる**のです。みなさんも経験があるのではないでしょうか。「この集団にいるときには、自分らしさが発揮できる」「この集団では、自分の言いたいことを主張できる」「この集団にいるときには、夢を語れる」。集団の中に心理的安全性が生まれたとき、人は不安や恐れを感じることなく行動できるようになるのです。

2 あくまで集団で共有されるもの

なお、「信頼」と「心理的安全性」は、異なる概念なので注意が必要です。Aさんが B さんに対して、気兼ねなく意見を言えるとします。AさんはBさんに対し、反論や問題点の指摘を躊躇なくできるのです。この場合、AさんはBさんに対して、「信頼」を感じることができていると言えます。

ところがAさんは、学級のみんなに対しては、気兼ねなく意見を言うことはできません。この場合、学級には、心理的安全性がないことになります。

つまり心理的安全性とは、その集団のメンバーの多くが（全員でなくても）、「この集団では、不安や恐れを感じることなく行動できる」「この集団では、自分らしさを発揮できる」などと共有できたときに初めて生まれるものなのです。

一言で言えば、信頼は個人的な感覚であり、心理的安全性は集団全体で共有されることで生まれる心理的な現象を意味しているのです。心理的安全性とは、集団になったときに生まれる雰囲気（文化・風土）のことなのです。

③ 心理的安全性がないとどうなるか

心理的安全性があると、チームの成果は上がりますし、個人の成長も促進されます。チームで何か成果を出そうと思ったら、個人が次のような「学習を充実させるための行動」をとらないといけないと、エドモンドソン氏は考えました。

- □ 質問する
- □ 情報を共有する
- □ 支援を求める
- □ 証明されていない行動を試みる
- □ 失敗について話す
- □ 意見を求める

（エイミー・C・エドモンドソン［著］、野津智子［訳］（2014年）『チームが機能するとはどういうことか』、英治出版、41~42ページ）

このような学びのための行動を個人が躊躇なくとるからこそ、個人は成長できます。また、個々のメンバーが様々な考えや意見を表明するからこそ、チームの活動は充実し、集団として大きな学びが得られ、大きな成果につながるのです。

しかし、失敗について話し合うことも、支援を求めることも、自分へのリスクと感じることもあります。なぜなら、批判的だとか、無能だと相手に思われるかもしれないからです。だからこそ、心理的安全性のない集団では、あえてこのような行動をとらないことを選択するのです。発言や行動、挑戦することに、マイナスの反応が返ってくるリスクを避けるため、あえて何もしなくなるのです。すると結果として、個人の学びや成長もなくなり、チーム全体の学びや成長もなくなり、成果が得られなくなるのです。

つまり、心理的安全性がないことで、「個人の学びによる成長」と「チームの活動の充実」の両方がなくなってしまうのです。

４ 人間はアウェーでは力を発揮できない

サッカーでは、アウェー（敵地）で力が発揮できなくなることが広く知られています。サッカーは、フィールド全体を見渡し、戦略を立てながら攻守を考えるという創造的思考が必要なスポーツです。敵地では、不安が高じてしまって、創造的思考が弱くなってしまうのです。つまり、心理的安全性のないところでは、個人としてのパフォーマンスが落ちてしまうのです。視野が狭まり、目の前のことへの対処法に考えが集中し、創造的思考が発揮できなくなるのです。

また、スポーツの世界では、威圧的な指導者が無理難題を言ってプレッシャーをかけたときに、プレイヤーが深く考えることができなくなり、目の前の言われたことだけを実行して、大きな怪我やルール違反につながることは、広く知られていることです。私たち人間の脳は、進化の過程で、不安が高じた場面や緊急事態では、創造的な能力が低下し、本能機能しか働かなくなる特徴をもつにいたりました。例えば、危険が迫ったときに、脳がパニックになり、一目散に逃げるといった行動がそれに当たります。

学級であっても、４人程度のチームであっても、心理的安全性がなければ、そこは敵地となります。目標に向かって挑戦するには、創造的に考えないといけないのに、その力が発揮できないことになるのです。こうして、個人としても、チームとしても、成長できなくなり、パフォーマンスが落ちてしまうのです。

5 学級集団はゴールを共有しているチーム

なお、チームとは、何らかのゴールを共有し、共にそのゴールを目指す仲間という意味です。学級も「よりよい学級をつくる」「みんなで学び成長する」というゴールを共有したチームです。授業で何かのグループをつくったときは、「課題について調べて考察し、考えを交流して学びを深める」というゴールを共有したチームです。

学級では、様々なゴールを共有した仲間が、様々なチームをつくって活動します。そのため、学級に心理的安全性を確保することは、不可欠なのです。

チームと言うと、一致団結しないといけないという思い込みがあるかもしれません。スポーツでは、「ワンチーム」などと言って、一致団結した結束が必要だとされます。しかし、それは心理的安全性とは異なるものです。むしろ、意見のほとんどが一致して一枚岩になっているときでさえ、反論を堂々と言える雰囲気があることが、心理的安全性と言えるのです。

心理的安全性の確保の仕方

心理的安全性が生じる要因

最も重要な点は、心理的安全性は生み出せるものであるという点です。エドモンドソン氏は、次のように述べています。

> つまり心理的安全は、個人の性格の違いによるものではなく、むしろリーダーが生み出すことができるし生み出す努力をすべき職場の特徴によって生じるということなのである。（エイミー・C・エドモンドソン［著］、野津智子［訳］（2014年）『チームが機能するとはどういうことか』、英治出版、161ページ）

ここで言われているのは、心理的安全性は、「リーダーの考え方や行動」と「集団の特徴」の二つの要因によって、生み出されるものであるという点です。

先に述べたように、心理的安全性とは、集団に所属する一人一人が共有している「雰囲気」（文化、風土）を指します。

例えば、4人チームで活動するとします。チーム内で、「意見を自由に言うことが大切だ」「個性を発揮することが大切だ」という雰囲気が共有されているとします。そうすれば、個々がその雰囲気を感じ取り、「このチームでは、意見を言っても、誰からも攻撃されることはない」「自分らしく振る舞っても、受け容れられるだろう」と思えます。

この状態が、集団の中に心理的安全性が確保された状態なのです。

4人チームのメンバーが、仲良しの友達なら、心理的安全性が生まれる確率は高まります。普段から気心が知れ、信頼関係があるので、安心して発言・行動できると思えるからです。

しかし、仲の良い人とチームを組んだときにしか、心理的安全性が生じないようでは困ります。学級では様々な人とチームを組んで活動するからです。あまり接点のなかった人とチームを組んだときにも、安心して発言・行動できると思えなくてはなりません。

そこで例えば、リーダーである教師が、活動前に次のように言います。

相手の意見と違っていても、様々な意見を出し合うことが大切です。できるだけ意見が違っていたほうがいいです。今日はそういう学習です。意見が異なっていたほうが、学びが深くなるからです。

この説明によって、「自分が思いついたことを躊躇なく言えば、自分にとっても、チームにとっても、メリットが生じる」と個々が理解できます。すると、異なる意見をできるだけ多く出そうという雰囲気がチーム内に生まれます。そして、初めてチームを組んだ人がいても、雰囲気に沿って、安心して発言・行動できるようになるのです。

このように、リーダーの行動によって、集団の雰囲気を生み出すことができるのです。

② 心理的安全性が生まれるプロセスと要因

さて、心理的安全性が生まれるには、例えば次のようなプロセスを辿ります。

①リーダー（教師）の行動によって、チームが共有すべきルールや行動規範が示される。

②子供たち一人一人が、そのルールや行動規範を意識し、チーム内で共有したと思える。
③チームの中に、自由に考えを伝え合う雰囲気が生まれる。
④チームに心理的安全性が生まれた結果、話し合いが活発になり学びが深まる。
⑤心理的安全性の効果や成果を共通体験したことで、次もまたルールや行動規範を守ろうとする雰囲気が生まれ、心理的安全性はさらに高まる。

ここで、心理的安全性を生み出すための要因がわかります。

①リーダーの考え方・行動
②個々の考え方・行動
③集団の雰囲気

心理的安全性を生み出せるかどうかは、この三つが要因となっています。この三つの要因は、どれも重要であり、独立しているというよりは、互いに関わり合っているものです。

前述の事例（24～26ページ）では、リーダーの考え方と行動によって、集団の雰囲気が変わり、チームの構成員の個々の考え方や行動が変わりました。しかし、三つのどれが先でどれが後かは、実はわかりません。

今示したプロセスのように、リーダーの考え方と行動によって、個々の考え方や行動が変化し、その結果、集団の雰囲気が変わることもあるからです。そして、集団の雰囲気が変わるにしたがって、個々の考え方や行動がより強く変化したのです。これは、「卵が先か、鶏が先か」の議論と同じで、三つの要因のうち、どれが先にくるかはわかりません。

ここでポイントとして押さえておきたいのは、心理的安全性は生み出すことができるものであり、その要因は三つが複合的に絡み合っていることです。

③リーダー一人で何とかしようとしない

さて、心理的安全性を生み出す一つの要因として、「リーダーの考え方・行動」があります。例に挙げた事例からもわかるように、リーダーの役割はとても大きなものです（詳しくはCHAPTER5で述べます）。では、リーダーの考え方、行動だけで心理的安全性の確保は、十分にできるでしょうか。答えは否です。リーダー一人の力ではどうしても限界があるからです。

そこでポイントとなるのは、次のことです。

個々の考え方・行動を変化させ、メンバー自らが集団の雰囲気を変えるように促す方向の取組も必要である。

つまり、個々の子供が、自分から心理的安全性を高める雰囲気をつくるよう、リーダーが促していく必要があるのです。これは一見当たり前のことに思えます。しかし、有能なリーダーほど、自分一人で何とかできるだろうと、忘れがちになるので注意が必要です。

本書では、心理的安全性を生み出す三つの要因「①リーダーの考え方・行動」「②個々の考え方・行動」「③集団の雰囲気」に対して、具体的な方法を紹介しています。これから紹介する方法を理解するときに、「これは個々の考え方・行動を変化させる方法だな」「集団の雰囲気づくりだな」というように俯瞰で見てほしいと思います。

そして、「教師の力だけでなく、集団のメンバー一人一人が心理的安全性を高める雰囲気をつくることができるよう働きかけている」ところにも気付いてほしいと思います。

心理的安全性のよくある勘違いを避ける

どんな集団でも心理的安全性は確保できる

心理的安全性は、「仲良しの集団をつくる」というコンセプトとは異なります。全員と仲良くというのは、実現が難しいものです。また、仲良し以外の人とチームになることだって当然あります。誰とチームになっても、そこに心理的安全性を確保できる方法を考えるべきです。

アドラー心理学のアルフレッド・アドラー（Alfred Adler）は、「全ての悩みは対人関係から生じる」ことを繰り返し主張しました。

子供は（大人でも）、何らかの言動をとろうとする際、対人不安を抱えているものです。対人不安は、個人の気質からくることもあります。「気を回し過ぎる」「人の顔色や反応が気になる」といった人もいることでしょう。

心理的安全性の理論では、この対人不安は、誰とチームになったかや、個人の気質よりも、むしろ、その集団の雰囲気が要因となって生まれると考えます。対人不安を軽減する雰囲気があれば、心理的安全性を生み出せることを理解してほしいのです。

つまり、心理的安全性の高い雰囲気をつくることが大切なのです。人は、集団のもつ雰囲気に無意識のうちに、従って行動しています。

何らかの雰囲気が学級にあれば、子供たちはその雰囲気に従って行動するようになります。言わば、学級の雰囲気から生まれる行動は、その学級では「常識」となるのです。

これは国と国との違いを考えてみるとよくわかります。外国の中には、「自分の意見を主張することが大切だ」という文化の国があります。自由に意見を表明することが「常識」となっているのです。その国では、「意見を主張しないこと」は、周りから低い評価を受けてしまうので、無言を避ける傾向になります（日本とは反対です）。

仲良しの集団ができたら、それは一つの心理的安全性を確保できる有力な方法です。何でも受け容れてくれる優しい仲間やリーダー（教師）がいれば、それに越したことはありません（本書でも、その方法を解説しています）。しかし、そういう仲間やリーダーがいなくても、心理的安全性は確保できるし、確保すべきだということをここで理解してほしいのです。

これはつまり、**「個人の安心感」と「チームの心理的安全性」が異なることを意味しています。**知らない人や性格の合わない人と同じチームになってしまうと、「個人の安心感」は低下します。しかし、この「個人の安心感」がない状況でも、チームに心理的安全性があれば、個人としてもチームとしても力を発揮できるのです。

チームのメンバー一人一人が「安心感」をもつことは確かに大切です。もしも、一人一人が「個人の安心感」をもっていれば、総和として、「チームの心理的安全性」も確保できる確率は高まります。しかし、**「チームの心理的安全性」は、メンバーの一人一人の感情の総和とは関係なく、確保できるものなのです。**

もちろん、「個人の安心感」と、「チームの心理的安全性」は、互いにつながっており、オーバーラップしている部分もあります。ここでは、区別できる点を覚えておいてほしいのです。

本書では、「チームの心理的安全性」を確保する方法を中心に述べています。そもそも、「心理的安全性」とは、チームがもっている雰囲気（文化、風土）を意味する言葉だからです。「個人の安心感」を確保する方法は、「チームの心理的安全性」の確保と重なっている部分を解説するようにしています。

「ぬるま湯」にすることではない

心理的安全性を確保するとは、集団の雰囲気を安心感のあるものにすることです。

しかしこれは、「自由に何でもしてよいことにする」「目標を下げて楽に過ごせるようにする」ことことは違います。特に、「何も行動しなくても、みんなから受け容れられて安心だ」ということとは違います。これではただの「ぬるま湯」です。

そうではなく、チームのために、自分の学びや成長のために、積極的に発言したり、挑戦したりしても、安全であると感じられるようにしたいのです。つまり、自分らしくあっても大丈夫と感じられ、自分の高い目標に向かって各自が躊躇なく取り組める雰囲気をつくりたいのです。

本書の中には、「教師が失敗を見せたらよい」という話も出てきます。ただしこれは、教師がだらしない姿を見せようと言っているのではありません。リーダーがだらしない姿だと、メンバーは不安しか感じません。

そうではなく、リーダーは良いことは良い、悪いことは悪いと評価しないといけない立場なので、毅然としていてよいのです。

毅然としたリーダーが、自分の失敗を率直に認め、失敗から学ぼうとしているからこそ、「あの厳格で優れた力をもつリーダーですら、失敗を素直に認めてる。自分もどんどん失敗していいのだ」という気持ちになれるのです。そして、集団の中に、「失敗を許容する」雰囲気が出てくるのです。そして、「失敗を恐れず挑戦する」という心理的安全性が生まれるのです。

注意すべきは、**目標となる基準を下げないこと**です。

例えば、チームで何かの課題に取り組ませているとしましょう。そのとき、よく子供が質問に来ます。「先生、この課題ってこれぐらいで終わってもいいですか」。このように、課題の基準を下げようとする相談をもちかけてくるのです。

そんなとき安易に、「いいよ、適当で」とか、「いいよ。だいたいできていたら」といった返答をするのは望ましくありません。これでは、「目標が下がったので、大して努力をしなくてよいのだ」と子供が解釈し、その結果、「ぬるま湯」になってしまいます。

そうではなく、例えば次のように対応すればよいのです。

「途中まででいいのでレポート見せてください」と言って、レポートを見せてもらいます。

そして、次のように助言します。「今のところいい感じに進んでいますよ。あともう一つ別の事例を資料で見つけて、付け加えるといいですね。それと、考察はみんなの意見を反映することが大切なので、別の意見や反対意見が出たことも書いておきましょう。最後に、自分の考えを自由に述べましょう。答えがあるわけではありませんから。

この言葉かけでは、目指すべき「ゴールの基準」は下げていません。しかも、「ゴールに到達するためにどう行動したらいいのか」を教えています。「答えがあるわけではないから、自由に考察してよい」という安心感も与えています。

すると、目指すべき高いゴールに向かって、安心して行動できる状態が生まれるのです。

これこそが、心理的安全性の確保なのです。

心理的安全性を学び始めたとき、最初は「ぬるま湯」を意図せずしてつくってしまうことがあります。子供が高い目標に挑戦しなくなったり、さぼったりするようになったら、やり方を軌道修正する必要があります。「ぬるま湯」にするのとは違う、と意識しておけば、間違った方向に行くのを避けられるはずです。

心理的安全性とは

集団の中で、対人的な恐れがなく、安心して発言・行動できる心理的な状態を指す。

Psychological Safety

心理的安全性はあくまで集団で共有されるもの

信頼 …………… 個人的な感覚

心理的安全性 … 集団全体で共有されることで生まれる心理的な現象

有 個々のメンバーが様々な考えや意見を表明するからこそ、チームの活動は充実し、集団として大きな学びが得られ、大きな成果につながる。

無 発言や行動、挑戦することに、マイナスの反応が返ってくるリスクを避けるため、あえて何もしなくなる。

学級に心理的安全性を確保することは不可欠

意見のほとんどが一致して一枚岩になっているときでさえ、反論を堂々と言える雰囲気があることが、心理的安全性と言える。

心理的安全性を考える上で大切なこと

個人の資質よりも、
チームの文化や風土に着目！

学校で心理的安全性が生まれるプロセスと要因

Process

STEP1

リーダー（教師）の行動によって、チームが共有すべきルールや行動規範が示される。

STEP2

子供たち一人一人が、そのルールや行動規範を意識し、チーム内で共有したと思える。

STEP3

チームの中に、自由に考えを伝え合う雰囲気が生まれる。

STEP4

チームに心理的安全性が生まれた結果、話し合いが活発になり学びが深まる。

STEP5

心理的安全性の効果や成果を共通体験したことで、次もまたルールや行動規範を守ろうとする雰囲気が生まれ、心理的安全性はさらに高まる。

①	②	③
リーダーの考え方・行動	個々の考え方・行動	集団の雰囲気

Cause

心理的安全性を生み出すための要因

心理的安全性は生み出すことができるものであり、その要因は３つが複合的に絡み合っている！

CHAPTER

2

心理的安全性を確保する土壌づくり

対人不安を軽減する

「対人関係」の重要性

心理的安全性の確保ができない要因の一つとして、「対人不安」が挙げられます。アドラー心理学のアルフレッド・アドラーは、人の悩みは、全て対人関係から発生すると考えました。そして、人の喜びもまた、対人関係から生まれると考えたのです。それほどに、「対人関係」は、個人・集団に大きな影響を及ぼしています。

心理的安全性を確保するには、**「対人関係」**をよりよくしていく必要があります。チームのメンバー同士の関係、リーダーである教師との関係を、よりよいものにしていくのです。最低でも、対人関係を、**不安やリスクのないもの**に変えないといけません。

つまり、集団の中に心理的安全性を生み出すための、「土壌づくり」とも言えるものが、「対人関係」をよくすることなのです。そこで「土壌づくり」を紹介するCHAPTER2では、対人不安を軽減し、チームの中によりよい関係性をつくる方法を紹介します。

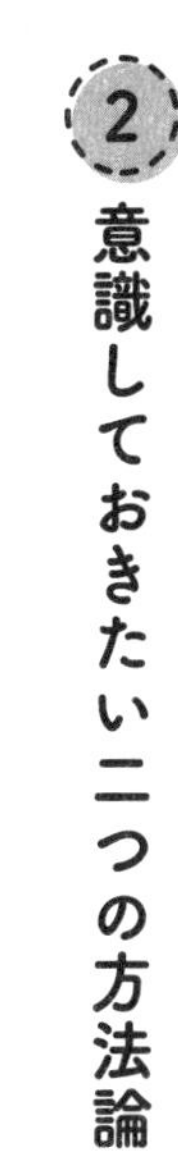

② 意識しておきたい二つの方法論

ここで意識しておきたい「方法論」があります。それは、方法には、大きく二つのやり方があることです。

①マイナスから0の状態にもっていく方法
②0からプラスの状態にもっていく方法

「対人不安を軽減する」方法は、①になります。「マイナスの状態」（＝人から非難されるかもしれないリスクを抱えた状態）から、「0の状態」（＝人から非難されない状態）にもっていく方法です。

「よりよい関係性をつくる」方法は、②になります。「0の状態」から、「プラスの状態」（＝互いを尊重し合う状態）にもっていく方法です。

このどちらの方法も大切です。ただし、「土壌づくり」として最初に取り組まなくてはならないのが、「マイナスから0の状態にもっていく方法」となります。まずは、恐れなく言える、恐れなく行動できるようにしていくのです。

どのような対人関係をつくり出すか

対人関係において目指すべきゴールは、「互いを尊重し合う関係性」です。対人不安をなくすには、尊重し合う関係をつくればよいのです。しかし、これは一朝一夕にはいきません。尊重し合う関係になるには時間がかかります。

そこで、尊重し合う関係づくりを進めながら、「マイナスから0の状態にもっていく方法」を実施していきます。

簡単なのはルールをつくってしまうことです。例えば、「非難はしない」というルールをつくります。批判と非難は違います。批判は建設的な批判という言葉もあるように、弱点を指摘して改善を促す意味をもっています。しかし非難は、相手を悪く言うだけで、欠点や過失を責めるという意味になります。

活動前に、「非難はしない」というルールを提示します。これだけで、チームの活動や話し合いを安心感の中で進められるようになります。このようにルールとして、「マイナスの状態」に陥らないようにし、「0の状態」をつくり出すのです。「マイナスから0の状態にもっていく方法」は、指導の工夫次第で、短期間で実現できるものです。

 自己紹介の場面で考える

例えば、4月最初の「子供の自己紹介」の場面で考えてみましょう。
30秒での自己紹介を考えてくるように言います。30秒と限定された時間なので、練習してくるように言います。
自己紹介の際、自己開示をしても、うまく発表できなくても、非難されない雰囲気をつくるようにします。例えば、次のように全員に伝えます。

この学級では、うまくやろうとする必要はありません。うまくいかなくても別にかまいません。自分なりに言えたらそれでいいのです。それと、失敗は大歓迎です。というより失敗は実はないことがわかってくるはずです。何かよいことを言わないといけない、失敗してはい

けない、そんな心配をする必要はありません。何を言ってもよいです。何か間違ってもかまいません。相手を責めてはいけません。大きな拍手を送ってあげましょう。

そして当日、どんな自己紹介でも教師がほめていきます。子供たちにも大きな拍手を送らせます。子供たちはほんの少しですが、自分らしさを出して自己紹介してくれます。

特技を披露したり、趣味を披露したりと、自分を開示してくれるわけです。たったこれだけのことですが、「自分らしく振る舞っても、リスクがない」という経験になります。この経験を学級の全員に通さないといけません。みんなの前で自分らしく振る舞っても大丈夫だったという経験を、**学級集団で共有する**からこそ、「自分らしさを発揮しても大丈夫だ」という心理的安全性が生まれるのです。

自己紹介の場を活用するのは4月に大きな一歩として、是非やっておきたいことです。

ちなみに、自己紹介は簡単なものでかまいません。好きな食べ物、特技、趣味ぐらいは必ず言うことにして、あとは自由にしておけばよいのです。私が質問をすることもあります。

「特技はサッカーなのですね。得意なプレーは何ですか」

「お刺身が好きなのですね。一番好きなネタってありますか」

子供たちは頑張って答えようとしてくれます。上手く答えられなくても、「答えようとしてくれただけで嬉しいです。みなさん拍手」と言います。みんなから拍手をもらいます。子供に聞くと、「拍手をもらえることが嬉しい」「安心感を得られる」と口をそろえます。

ちょっとしたことなのですが、恐れなく言える、恐れなく行動できる環境にしていくのです。

ここで行ったのは、「安心して失敗できる教室」なのだという共通理解と、「相手を責めてはいけない」というルールの周知です。「安心して失敗できる」という雰囲気は、心理的安全性には必須とも言える環境です。失敗を許容する雰囲気があるから、何かにチャレンジしようと思えるのです。「失敗しても、自己開示しても、冷笑や批判を受けることがない」経験が**集団で共有される**ことで、心理的安全性が生まれるのです。

物理的な安全性の確保

最低限確保すべき状態

続いて、マイナスから0にする取組として、早期に必ず行いたいのは、次のことです。

いじめや差別を禁止する。

いじめや差別があれば、心理的安全性の確保どころではありません。日常的な暴力・暴言への不安が生じます。これでは、**物理的な安全性**すら確保できません。

4月に学級を受けもつと、いじめや差別が残っている場合があります。例えば、権力の強い子と弱い子に分かれていることがあります。いじめのある場合は、特定の子が悪口を言われたり、笑われたりしていることもあります。いじめや差別は許されることではありません。このマイナスの状態を、直ちに0の状態にする必要があります。

まず行うのは、いじめや差別は許されないという教師の宣言です。そして、いじめや差別を禁止するルールをつくります。もちろん、子供の心が成長してくると、いじめや差別はだめだと理解できるようになり、自然といじめや差別と決別するようになります。しかし、心の成長には時間がかかります。まずはルールとして「これだけは許されない」ことを決め、防止するのです。

「禁止」のルールには、他にもあります。

「頑張っている人が失敗しても笑わない。応援してあげる」
「自分とは違う考え方や行動でも、非難しない。違いを認める」

こういったルールを、その場その場で、伝えていきます。そうすれば、自分の考えを述べたり、自分らしさを発揮したりしても、攻撃されない状態が生まれます。このような「相手から攻撃されない」状態をまずつくります。相手からの暴力はもちろん、何らかの悪口を言われたり、いじめを受けたりといったことをなくすのです。

ルールをつくることで、**まずは、物理的な安全性を確保しなくてはなりません。**

② 学級環境を整える

学級環境を整えることも大切です。高学年の荒れた学級を受けもったとき、教室にはゴミが散乱し、壁には落書きがなされ、掲示物は破られ、教室全体が雑然としていました。

子供たちは何年もの間、そのような雑然とした教室で過ごしてきていました。そのため、雑然とした状態が当たり前の感覚だったのです。ゴミが落ちていても誰も拾おうとしないばかりか、ゴミを蹴ってまき散らすといった有様でした。

私が学級を受けもってまず行ったのは、「教室をきれいにすること」でした。床のゴミをなくし、掲示物も全部張り替え、机をそろえる印を床に書いたのです。これも、物理的な安全性を確保するための取組です。そして、マイナスの状態を0に戻す取組です。特に机を整えることは意識しました。毎回の授業前に机をそろえるようにしたのです。時間にしてたった数秒のことです。

整理整頓された美しい教室になると、子供たちの心も落ち着いていきました。学級環境が整うことで、荒れた心も和らいでいったのです。そして、「美しい教室」に子供たちは慣れ親しんでいきました。徐々に学級環境を整えようとする意識が子供に生まれていきました。

3 物理的安全性が確保できないと次には進めない

残念ですが、荒れた学級を受けもつと、暴力行為やルール違反、いじめは日常茶飯事です。誰もがそれらが当たり前という環境で過ごしてきたからです。教師が「マイナスの状態をなくす」という強い決意で取り組まないと、0の状態にすることすら、とても時間がかかります。

例えば「挑戦している人を馬鹿にしません。頑張っているところを見てあげましょう」というルールをつくっても、守らない子がいるのです。「人を馬鹿にしてはいけないよ」と何度も言うのですが、みんなと違う意見を出すと馬鹿にしたり、何か挑戦しようとすると笑って非難したりするのです。

こういうときはきっぱりと、全体の前で、止めなさいと注意しなくてはなりません（私の学級では、いじめや差別につながる行動は厳しく叱るとあらかじめ言っています）。あえて全員の前でなぜだめなのか、どんなに悪いことなのかを説明します。だから、全員が理由を理解できます。そして、学級全体にルールが浸透してくるのです。

荒れを抑えるとともに、子供の成長の事実も生み出さないといけません。「苦手なことができるようになった」「できないと思っていたことが、達成できた」という事実を生み出すのです。すると、「挑戦することは価値のあることだ」と、事実として、実感として、子供たちにも理解できるようになります。

こうして少しずつ、ルールが定着するのです。いじめの芽が摘み取られ、物理的な安全性が確保できるのです。ルール違反には毅然と対応しないといけません。ルール違反があったら、活動後に反省させる場合もあります。

今日の活動で、せっかく自分らしい意見や思ったことを言えていたのに、それを否定して馬鹿にする人がいました。みんなに尋ねます。自分らしく行動できる学級がいいですか？　それとも馬鹿にされる学級がいいですか？　4月に確認しましたよね。自分らしく自由に意見を言い合える学級にしたいって。みんな自分らしさを認め合える学級がいいのですね。では、次からそういう行動がないようにしなさい。

厳しい表情で、厳しい口調で、きっぱりと告げます。全員でルールを共通理解したからこそ、次にまたいじめにつながる行動があれば、互いに注意し合うようになります。子供たちは自分たちの力で、よい雰囲気を維持しようと行動を開始するわけです。

教師の態度も重要です。教師もまた、子供にとっては環境の一つだからです。教師の態度が公正無私であり、全員が平等に扱われる状態であれば、差別・いじめはなりを潜めてきます。

このように、荒れた学級では、マイナスを0に戻す取組、つまり、**悪い状態が起きないようにする予防の取組**を行わないといけないのです。なお、ハイパフォーマンスを発揮させる章では、0から大きくプラスに転じる取組を紹介します。

ここで一つ注意点があります。心理的安全性を確保するために、「ルールを示す」ことはよく行うことです。しかし、「ルールをつくるだけでよい」と考えるのは早計だということです。ルールの提示は確かに有効な方法ですが、ルールが定着しないこともあります。教師の示すルールの価値を子供たちが理解し、守ろうと心から思えないと、定着しないからです。ルールを示すとともに、ルールを定着させるための指導の工夫を考えないといけません。

教師とのリレーションシップを高める

「教師」対「個人」の関係性の構築

物理的な安全性が確保できたら、心理的安全性を確保する取組を行います。先に述べたように、心理的安全性は、人との「関係性」が大きな要因の一つでした。関係性の理想状態は、相互に尊重し合う関係性です。

しかし、これは一朝一夕には実現できません。まずは関係性を少しずつ構築していかなくてはなりません。そして、信頼関係を築き、互いに尊重し合う関係をつくっていくのです。

さて、ここでは、教師とのリレーションシップの高め方を紹介します。子供一人一人と、リーダーである教師とが、それぞれ絆を構築しなくてはなりません。教師と個々の子供が絆をつくる上で、気を付けることがあります。それは、教師は往々にして、**「過去の子供のだめなところ」に注目しがちだ**ということです。人は進化の過程で、危機を回避する、問題を解決することのほうに、意識が向くようになりました。リーダーという立場なら、この意識は、より高くなります。

例えば、引き継ぎで、この子には問題があると前担任から聞いたとします。そのようなとき、教師がその子に対してマイナスのイメージをつくってしまうことがあるのです。マイナスのイメージをもったまま、よい関係性を築くのは難しくなります。

教師はできるだけよいイメージを子供に対してもっておく

前担任との引き継ぎで、子供のよいところを尋ねておきます。すると、教師の中に、子供に対するよいイメージが形成されます。そして、4月の学級開きからしばらくして、個別に面談を行います。個別面談で次のように言います。

> 去年までこんなことを頑張っていたと聞きました。先生はあなたのよいところをたくさん知りたいと思っています。自分の長所と、今年頑張ろうと思っていることを教えてください。

これで過去のマイナスの出来事に注目しなくて済むばかりか、その子の**現在のよいところ**に注目できるようになります。

さらに、**「未来のゴール」**（未来のその子のよさ）を知ることができます。子供にとってみれば、自分のよいところや頑張ろうとしていることを教師に知ってもらえて、嬉しい気持ちになります。自分のよさを理解してくれたと思えるからです。

このたった1人5分ほどの個人面談が、絆を構築する上で、大きな効果を生みます。その後も定期的に、個別面談を行います。5月以降は次のように問いかけ、話を聞きます。

①「新しい学年になってすごく頑張っているね。どうしてこんなに頑張れているの？」
↓**とにかく口をはさまず話を聴くことに徹する。**

②「この学級のよいところを教えてください」
↓**学級をよくする取組を手伝ってくれるようお願いする。**

③「今の目標と頑張っていることを教えてください」
↓**困ったり迷ったりしたら、教師がいつでも助けることを伝える。**

これで子供は、「頑張っているところを知ってもらった」「先生に頼られている」「先生とゴールを共有できたし、助けてもらえることがわかった」と実感できます。こうして、少しずつですが、教師と個々の子供との絆が生まれます。そして、信頼関係の構築につなげていくことができるのです。

「教師」対「集団」の関係性の構築

続いて、「教師」対「集団」の関係性をつくっていきます。

教師は学級のリーダーです。リーダーがどんな人物かを知ってもらうことから始めなくてはなりません。そこで教師が、集団に向け、「自分はこういうリーダーだ」ということを示すようにします。最初に行うのは、「ダメなことはだめ」「よいことはよい」という規準を示すことです。

> 「こういうことをしたら叱責します」
> 「こういう行動を是非してほしい」

それを集団全体に向けて語るのです。言わば、リーダーの方針を示すのです。

なお、このリーダーの方針が曖昧なほど、心理的安全性は脅かされます。方針が明確であるほど、「どういう行動が望ましいのか」「何がだめなのか」が集団で共有できるため、個人としても集団としても動きやすくなります。

「いじめや差別は絶対に許されない」
「一人一人は違っていてよい。違いをむしろ歓迎してほしい」
「挑戦している人はたくさん失敗している。失敗している人ほど、頑張っている。だから失敗しても笑ってはいけない。むしろよく頑張ったとほめてほしい」

このように方針をきっぱり告げます。

リーダーは毅然として方針を示し、何がよくて何が悪いのかを伝えなくてはなりません。同時に、ここからが大切なのですが、毅然とした態度をスタンダードにした上で、集団に安心感を与える態度を見せるようにします。

例えば、素直に失敗を認めたり、「先生もわからないので、何かよいアイデアはありませんか」と全員に助けを求めたりしていくのです。「リーダーも失敗するし限界がある」ということをさらけ出すのです。これで子供たちは安心します。自分も失敗を認めたり、助けを求めたりしていいのだと。

また、教師としての人間性を伝えていくことも大切になります。教師の好きな物や、特技、苦手なことなどを開示していくわけです。好きな食べ物とか、嫌いな食べ物といった些細なことでかまいません。ちょっとしたことでも、リーダーはこんな人だとわかるから、安心感が生まれることがあるのです。

毅然とした教師の態度は、子供にとっては緊張を感じるものです。その緊張感の中に、安心感を生むような言動をしてほしいのです。ここが最大のポイントです。リーダーの資質によっては、「柔らかい物腰の中にも緊張感を醸し出す」という、正反対の対応もできます。

ここで大切なのは、緊張感と、安心感が同居するようにしないといけないということです。頼りないリーダーが柔らかい物腰だと、「弛緩（ルーズさ）」の中に、安心感があるという「ぬるま湯」の状態を生むので注意が必要です。

仲間とのリレーションシップを高める

多様性を認める

続いて、「関係性」の中で、仲間とのリレーションシップを高める工夫を考えていきます。まずは何と言っても**「多様性を認める」**という関係性をつくることです。

- ☑ 相手と自分は違う
- ☑ 違っていてもよい
- ☑ 違っているからすばらしい

そのように思えるよう働きかけていきます。「多様性」と聞くと、国籍や人種、性別などを連想する人は多くいます。しかし、個人の性格や考え方、価値観の違いを連想する人は多くありません。しかし、子供社会の中では（大人社会でも）、このことは、敏感に差別の対象になることがあります。「あの人は変わったことをするから嫌いだ」「あの人はみんなと違うから仲間に入れないようにしよう」などと平気で言うのです。性格や考え方、価値観の違いによる差別は、根強く定着していることがあるのです。

もし差別があれば、マイナスから0の状態にしないといけません。まずは、多様性に関して攻撃されないよう、ルールや方針を示す必要があります。機会を見つけて、国籍、人種、性別などで差別してはならないことを語らなくてはなりません。また、個人の性格や考え方、価値観の違いで差別してはならないことも示さなくてはなりません。

みんなはそれぞれ違います。違う考え方で、違う意見を言うこともあります。それでいいのです。自分と違う考えや意見が出ても、それが当たり前なのです。みんなはそれぞれ違う個性をもっているからです。この学級では、みんなが違っていることを歓迎します。

このように、まず、多様性に対して攻撃されない状態をつくります。

多様性の価値に気付かせる

続いて、0からプラスに転じる取組を考えないといけません。ルールや方針として、「違いがあるのが当たり前、それで差別は許されない」と共通理解するだけでは、「実感」としては、「違いがよいことだ」とは理解できていません。

そこで、多様性の価値を、実感として理解させる取組が必要になります。例えば、異なる複数の意見が出たら、教師が「その意見はおもしろい。先生も思いつかなかった」と称賛、歓迎するのもその一つです。活動前に、「様々な意見を出せるほうが、学びが深まるので大歓迎します」と言っておきます。そして、実際に多様な意見が出ることで学びが深まったという経験をさせるのも効果的です。

例えば理科で、「越冬の仕方」を予想させると、実に様々な意見が出ます。「卵で越冬する」「蛹で越冬する」「温かい地方に移動する」「温かい場所に隠れる（木の中や落ち葉の一番下、地中深くなど）」「冬眠する」「ほとんど活動しなくなり、食べなくてもよいのでじっとしている」などです。予想を基に、実際に観察に行ったり、資料で調べたりします。すると、動物ごとに越冬の仕方が違っていることに気付き、多くの学びや発見があります。授業の最後に、多様な意見が出たことを価値付けする語りをします。「予想の段階で多様な考えが出たからこそ、多くの学びが得られた」と、教師が語るわけです。

このような経験を共有することで、多様性を子供たちも歓迎するようになります。

最初はルールや方針を示すことで、差別を禁止しますが、徐々に、実感として差別は馬鹿馬鹿しいことだと理解できるようにしていくのです。

3 協力と協調（コラボレーション）できるようにする

新しい学級になった4月に、仲間との関係性を構築するゲームを行うのも効果的です。

私が行っていたのは、「ランダムに4人チームをつくっての簡単な協力ゲーム」です。例えば、「国の名前をできるだけたくさん紙に書きましょう。多いチームが優勝です」といったゲームを行います。簡単な活動だからこそ、協力できます。誰とチームになっても、子供たちはコミュニケーションをとりながら、楽しくゲームに興じます。時間は10分ほどで終わります。

ゲームが終わって、振り返りの時間をとります。

友達のよかったところに感謝する時間をとります。アイデアをしっかり出してくれた人だけに感謝するのではありません。人の話をしっかりと聴いていた人もいます。記録をしてくれた人もいます。発表をしてくれた人もいます。何かの本で調べてくれた人もいます。それぞれの頑張りに感謝してください。

振り返りをすることで、友達のよさや頑張りに気付くことができます。次の活動でも、友達のよさや頑張りに注目するようになります。そして、自分は友達の助けを得ていた、友達はチームのために頑張っていたことが理解できます。人と人とのつながりを感じられ、友達の恩恵に気付けるのです。このように、**自分と友達はつながっている、関係しているということに気付かせることも、リレーションシップを高めるために必要なこと**です。

この活動を続けていると、誰とでもコミュニケーションをとれるようになります。ランダムにチームを組むため、全員と何度も話す機会があるからです。実は、**1日で子供が学級で話す人は限定されています。**仲のよい友達がいなければ、ほとんど話をしない子もいるぐらいです。だからこそ、話をする機会、協力する機会をつくるようにしたいのです。振り返りの時間では、友達のよさや頑張りを見つけることになります。そして友達に感謝します。自分にも感謝が集まります。つまり、**「多様性」が認められたという体験を共有すること**ができます。

「まったく話をしたことがない」「知らない人と協力するのは怖い」というマイナスの状態が0の状態になります。そして、互いの個性を認め合い、感謝し合うことで、多様性が認められ、プラスの状態になっていくのです。なお、教師も感謝の言葉をしっかり言わないといけません。私も口癖にしようと決めていて、様々な場面で、感謝の気持ちを子供に伝えるようにしていました。

また、「拍手」も、感謝や称賛を示す効果的な方法の一つです。「言いたいことを言ってみたらみんなが認めてくれた」「価値観が違ったけど、みんなが受け入れてくれた」というようなことが実感できます。

信頼関係ができてくると、協力だけでなく、協調（コラボレーション）できるようになります。相手に反論したり、問題点を指摘したりしても、嫌な顔をされなくなります。「相手は好意で言ってくれている」「相手は、チームのことを思って言ってくれている」などと、前向きにとらえられるようになるからです。そして、フィードバックを互いにし合う関係になるのです。

相手に反論したり、問題点を指摘したりといったコミュニケーションは、最初は難しいものです。まずは、相手のよいところを探して感謝することから始めたらいいのです。

「よさ」に注目する関係性をつくる

悪いところに注目するとどうなるか

ある子は、学校に入学してすぐに、高い評価を得ました。よく発表する、進んで立候補する、多くの友達をつくれるということで、周りから称賛されていたのです。教師からも、同級生からも称賛されていました。

ところがこの子にも短所はありました。時々宿題を忘れたり、ルール違反をしたりするのです。ルール違反といっても、学校で決められたルールを少し逸脱する程度です。

さて、ある年の担任は、この「提出物を忘れる」「ルール違反をする」ところに注目しました。この子は問題児という受け止めをしたのです。

その結果、注意や叱責が増えていきました。不思議なことに、注意が増えるほど、その子は忘れ物やルール違反を繰り返すようになりました。いつも教師から叱られている、煙たがられていることで、この年、その子への評価はこれまでと正反対のものになりました。教師からも、同級生からも、信用をなくしてしまったのです。周りからの評価が低くなるほど、課題をさぼったり、教師の指示に従わなかったりと、別の問題行動が生まれるようになりました。

その子自身の資質や能力は大きく変化していません。変わったのは担任の評価であり、周りの評価です。悪いところに注目し、それを直そうとした結果、その子にとっては、「教師との関係性」も、「友達との関係性」も悪化していきました。

関係性がマイナスの状態になったことで、本人も周りの子や教師を信用できなくなりました。やる気や意欲も低くなりました。そして、学級の中で安心して過ごせなくなったのです。


これでは、学級に心理的安全性を確保することは難しくなります。

むしろ、その子のよさに注目していた頃のほうが、その子は活躍できていました。

同じような事例は、現場では数多く見られます。私たち教師は、この事例から学ばなくてはなりません。

2 よさに注目するからこそよい関係性が生まれる

まず、問題行動（と教師が思っている行動）をなくそうとするなら、次のようにすべきです。

「前向きに頑張っている行動」を見つけて、その行動を称賛し、強化する。

つまり、「その子のよさ」に注目するのです。よさに注目し、前向きな行動が増えると、自然と問題行動は減っていきます。しかも、本人にとっては、教師や集団が自分のよさや強みに注目してくれるので、よい関係性を築くことができます。

その結果、学級での心理的安全性を確保しやすくなるのです。教師と学級の子供たちは、「個人のよさに注目する」という行動規範を身に付けるべきです。

私は学級の子供たちに向けて、よく次のように伝えていました。

悪いところは勝手に見えてきます。だから悪いところに注目しなくてかまいません。悪いところは、見ないようにしなさい。よいところは探さないと見えません。だからよいところを探すようにしなさい。そしてよいところに注目してください。

個人のよさに注目する関係性をつくることは、心理的安全性を生み出す土壌づくりで極めて重要な要素になります。その子の頑張り、長所、役割の価値などに注目するのです。

よさに注目するという行動規範を教える

例えば、4人程度のチームの活動後に、個々のよさを教師が価値付けします。

①教師が気付いたその子のよさを、本人に伝える。
②一人一人のよさを学級全体に伝えて、教師が感謝する。

つまり、個々に伝えることと、集団全体の場で伝えることを意識すればよいのです。全体に伝える場合は、例えば次のように話します。

繊細な作業をしてくれた人、重たい物を運んでくれた人、計画を立ててくれた人、みんなができることを少しずつやってくれたので活動が成功しました。頑張ってくれた人ありがとう。

名前を呼んで称賛し、感謝を伝える場合もあります。全員のよさを紹介する時間はないので、毎回数人でもかまいません。子供のよさを全体で紹介することで、集団に「よいところに注目する」という行動規範を教えることができます。

なお、チームで活動させる際に、適材適所の役割を与えることも大切です。その子の強み（と本人や教師、周りの友達が思っていること）を活かせる場を用意するのです。もしくは、仕事内容を伝えて、本人に得意な役割を選んでもらってもかまいません。

同じような仕事をするチームであっても、何らかの役割分担ができるものです。例えば、学校祭りなどで、学級で出店するとします。

- **チラシやポスターをつくってお客さんにアピールする係**
- **お客さんに説明をして案内する係**

・それぞれのブースを運営・準備する係
・全体を見ながら困っているお客さんを助ける係

このように様々な役割をつくることができます。チラシ係なら、チラシ作成が得意な子、イラストに自信がある子が集まります。このとき、イラストを描くのが得意な子もいれば、色をつけるのが得意な子もいます。活動の方向性を考えることが得意な子もいれば、イラストのアイデアを考えるのが得意な子もいます。それぞれができそうな役割に挑戦してもらえばよいのです。

チームで活動していると、うまくいかないことも出てきます。時には活動が失敗することもあるかもしれません。

ただし、チームは高いゴールに向かって挑戦しているはずです。ですから、成果が出なくても学びはありますし、そもそも挑戦したこと自体がすばらしいと教師は思わないといけません。

「挑戦してくれてありがとう！」という教師の気持ちを伝えないといけないのです。

また、小さな成果を教師が見つけ、称賛することも大切です。本人たちは成果が出ていないと思っていても、小さな成果はあるはずです。その少しの成果を教師が認め、頑張れていたのだということに気付かせないといけません。

4 感謝すること、感謝されることの効能

さて、ここで注意すべき点があります。それは、リーダーの「ほめる」行為に関してです。「偉いね」「よくやったね」とほめることは、子供の承認欲求を満たせるため、大切な教育行為です。承認欲求を満たすことができれば、また次も挑戦しようというモチベーションを高めることができます。

ただし、「偉い」「よくやった」と、「リーダーがほめる」だけでは、次にまたリーダーにほめられようとして頑張る、というモチベーションになってしまうことがあります。ここに注意が必要です。これは下手をすると「リーダーの顔色をうかがう」という方向に、子供の思考をもっていきかねません。そして、顔色を見るということが、「頑張らないと罰が与えられる」というような不安と結び付くと、心理的安全性は脅かされてしまうのです。

そこで、ほめることに注力するよりは、成功体験を味わわせ、感謝や称賛を送ることに力を注ぐべきです。チームで協力した、意見を自由に言った、挑戦した、という行動を起こした結果、チームで成果を上げられたという体験を通したほうがよいのです。

そして、「挑戦してくれてありがとう！」と感謝することが大切になります。小さな成果を認め、称賛することも重要です。リーダーの感謝や称賛が、チームにとっての成功体験になるからです。「やってくれた仕事にはこんな価値があった」「ここに成果があった」と気付かせていくと、「自分は重要な仕事を行えた」「協力して成果を出せた」という成功体験を味わわせることができるのです。

なお、子供同士で感謝や称賛をし合う時間をとることも大切です。活動後に、「友達の頑張りやよさに感謝・称賛しましょう」と促します。この感謝・称賛をし合う活動を取り入れていると、やがて、「感謝・称賛すべき点を探そう」という意識が子供に生まれます。

感謝・称賛しようと決めていると、様々な人が自分を助けてくれたとか、言いにくいことを言ってくれる人がいたとか、あの人のおかげで正しい方向の雰囲気が出ているとか、普段気付きにくい「おかげさま」が見えてくるようになります。自然と、友達のよさに目を向けるようになるのです。非難や否定をする前に、その人の中にあるよさに注目するようになるのです。よさに注目するようになると、やがて、心から相手を尊重し合う関係を築けるようになってきます。

個性を歓迎する関係性をつくる

個性を生かす場をつくる

先ほど述べたように、私たち教師は、無意識のうちに、子供の問題行動に注目しがちです。そして、子供の短所や弱点をなくす指導に力を入れてしまいます。短所や弱点をなくせば、確かに、平均的な力を身に付けることにはつながるかもしれません。

平均的な力を養うことも大切ですが、強みを生かして、何かに特化した力を養うことも大切です。強みを生かす指導は、「意識」していないとなかなかできないものです。

例えば、その子の「短所」ですら、場によっては「強み」に変化します。

考えるよりも先に行動してしまう「猪突猛進」な子がいるとします。「とりあえずやってみて考えよう」と本人は思っています。

丁寧な準備や、慎重な作業が必要な活動では、不向きな個性かもしれません。しかし、先に活動してから、やり方を考えていくような場合には、その子の個性を生かすことができます。

校外学習や宿泊学習などで、「まずやってみなくてはならない」活動はたくさんあります。海の学校で、シーカヤックをやったときなど、インストラクターの最初の指示は、「浅瀬でとりあえずやってみてください」でした。活動が先で、説明が後だったのです。みんなが尻込みする中、ある子が、「俺やるよ!」とすぐに活動に取りかかりました（もちろん遠浅の砂浜で、安全に配慮しながらです）。先頭を切ってやってくれたので、他の子も安心して活動できました。そして、最初にやってくれたので、みんなから称賛されたのです。このように、短所は、場によっては長所になります。

個性を生かす場があると、徐々に、友達の個性を認めることができるようになります。やがて、個性を歓迎する関係性が生まれてくるのです。

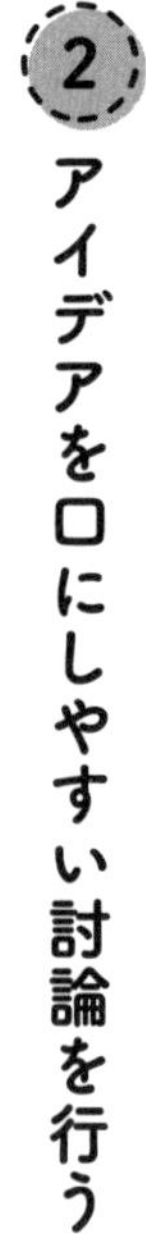

② アイデアを口にしやすい討論を行う

個性の大切さに気付かせる活動を、4月のできるだけ早くに行うべきです。例えば、個性的な意見があると学びが深くなる活動をさせることが効果的です。様々なアイデアを出すと、話し合いが深まった、新しいアイデアが生まれたといった体験を通すのです。

特におすすめなのが、討論の授業です。国語科の「物語の主題」や、社会科の「日本の食料生産の理想的な形」など、テーマを決めて討論するのです。討論を導入する際、初期の練習として最適なのが、「無人島に何をもっていくか」の討論です。無人島の詳細を説明するのがコツです。

夜は気温が5℃まで下がり、昼は25℃まで上がります。島には獣がいます。イノシシや鹿です。川や森があり、食べられる木の実や野草がたくさんあります。砂浜には様々なゴミが打ち上げられています。海には魚がたくさん泳いでいます。3ヶ月過ごすことができれば、助けの船が来ます。3ヶ月、島で生活するために、何を持っていくかを話し合います。「にわとり・犬」「ライター・ナイフ」「釣り道具・寝袋」のいずれか一つしか持っていけません。

質問が出るので答えます。「にわとりは卵を産みますか？」「時々卵を産んでくれます」「犬は大型犬ですか？」「好きな犬を連れて行けます」といった具合です。まずは4人グループで、討論します。討論の前に伝えます。「答えがあるわけではないので、何を選んでもかまいません」「いろいろな考えに触れることができたらいいですね」。

4人グループでの討論後、全体で討論させます。そして感想を聞きます。「またやりたい」など好意的な感想が出ます。教師も感想を言います。「面白い発想が出てすばらしかったです。無人島の条件などをきちんと尋ねてくれる人がいて、すごいなと思いました」。そして、最後に言います。

授業では、友達の考えを聞くことが大切です。様々な考えに触れることで、自分の考えが深まったり広がったりするからです。一人一人の考え方は違います。だからこそ、学級全体で学ぶ意味があるのです。様々な考えを出し合うからこそ、広く深く学べるのです。

このように個性を生かす場を用意し、個性のよさを体験させ、最後に教師が個性の大切さを語るから、個性を歓迎する関係性が生まれてくるのです。

③ 必要なのは加点主義と前向きな評価

さて、個性を歓迎する関係を子供たちの間でつくるために、ここで必ず押さえておきたい考え方があります。それは**「加点主義」**という考え方です。どんな人にも短所や弱点はあるものです。短所・弱点があっても減点はしません。先ほど述べたように、短所・弱点も、場によっては長所に変わることがあるからです。

また短所・弱点は注目しようと思わなくても見えてしまうものです。むしろ、その子の強みこそ、注目しないと見えてこないものです。

そこで、その子の強みに焦点を当て、その強みを加点主義で評価するようにします。様々なアイデアを出すのが得意な子もいますし、俯瞰的に考えて大局でものを見るのが得意な子もいます。とりあえず行動する子もいますし、話を聞くのが上手な子もいます。それぞれの強みに注目し、ひたすら加点していくわけです。本人に、強みを自覚させていくのです。

加点主義とは別に、もう一つ大切にしたい評価の方法があります。

それは**「前向きな評価」**です。

一見短所・弱点に見えることも、「見る人の解釈」によっては、強みだと考えることもできます。「前向きな評価」は、解釈を前向きなほうに変えて評価することを意味します。

例えば、討論でとんでもない意見が出たとして、それを「思いついた考えを吟味せずにすぐに口に出す人」と後ろ向きな評価をするのではなく、「誰も思いつかなかった発想ができる人」と前向きな評価をしてあげるのです。

また、失敗しても減点はしません。失敗しても点数に変化はありません。失敗して何かを学んだとか、失敗してもすぐにチャレンジしようとしたとか、失敗しても別のアイデアを考えることができたとか、前向きなほうに注目して加点していくのです。教師がいくら「失敗してもいいよ」「個性を発揮しよう」と言っても、**「加点主義」と「前向きな評価」の二つがなければ、なかなか個性を発揮しようとは思えません。**

この二つがあることで、子供たちは、自分の個性を発揮していいのだと思えるようになるのです。個性を発揮するようになると、少しずつ、教室には多様性が生まれてくるはずです。

教師とのリレーションシップを高める

Relationship01

「教師」対「個人」の関係性の構築

心理的安全性を確保するために…

1人5分

個人面談

→とにかく口をはさまず話を聴くことに徹する。
→学級をよくする取組を手伝ってくれるようお願いする。
→困ったり迷ったりしたら、教師がいつでも助けることを伝える。

相互に尊重し合う関係性

» **「現在のよいところ」「未来のゴール」を共有し信頼関係の構築につなげる！**

Relationship02

「教師」対「集団」の関係性の構築

子供たちにリーダーの方針をどのように示すか…

リーダーの方針

× 曖昧

心理的安全性は脅かされる…

◎方針が明確

・どういう行動が望ましいのか
・何がだめなのか

個人としても集団としても動きやすい

求められる教師の態度

» **柔らかい物腰の中にも緊張感を醸し出す**

仲間とのリレーションシップを高める

Diversity01

「多様性を認める」という関係性をつくる

国籍や人種、性別、性格や考え方、
価値観の違いによる差別の存在…

①	②	③
相手と自分は違う	違っていてもよい	違っているからすばらしい

求められる教師の対応

》 **多様性に対して攻撃されないルールや方針を示す**

Diversity02

多様性の価値に気付かせる（共通理解→実感）

多様性の価値を、実感として理解させるためには…

例 ランダムに４人チームをつくっての協力ゲーム

「国の名前をできるだけたくさん紙に書きましょう」

自分は友達の助けを得ていた、友達はチームのために頑張っていたことが理解できる。人と人とのつながりを感じられ、友達の恩恵に気付ける。

求められる子供の経験

》 **「多様性」が認められたという体験を共有すること**

CHAPTER

3

心理的安全性を確保するための集団づくり・雰囲気づくり

集団が共有する雰囲気をよりよいものにする

1 集団づくり・雰囲気づくりこそが中核

土壌づくりでは、心理的安全性を確保しやすい関係性をつくることを主に述べてきました。続いて、「集団づくり・雰囲気づくり」の方法を述べていきます。

心理的安全性は、**集団が共有している雰囲気、文化、風土**です。ですから、この「集団づくり・雰囲気づくり」が中核であり、心理的安全性の確保に必須の取組になります。なお、「集団づくり」と「雰囲気づくり」を併記しているのは、両者が分かちがたく一体化しているからです。

「集団づくり」とは、集団の質を高める指導を意味します。ルールやマナー、モラルを守る集団に育てる。協力できる集団に育てる。自分たちのことは自分たちで考えて行動できる自治的な集団に育てる。このような指導が「集団づくり」となります。協力の仕方を教えたり、自治的な活動の進め方を教えたり、友達とコラボレーション（協調）する方法を教えたりします。

集団の質が高まるとよい雰囲気が生まれます。よい雰囲気が生まれると、集団の質が高まります。つまり、両者は相互的な関係になっているのです。

これ以降は、集団の質を高める取組は**「集団づくり」**という言葉を使用し、よい雰囲気をつくり出す取組は**「雰囲気づくり」**という言葉を使用します。

ちょっとした雰囲気づくりで、子供の学びとチームの活動の質が高まる

さて、最初に「雰囲気づくり」から考えていきます。この集団では、意見を自由に言ってよい、失敗してもよい、自分らしく振る舞ってよいと思える雰囲気をつくっていきます。

例えば、理科の実験前に次のように言います。

> 今日の実験は、４人班で協力して行います。説明書を見て物を製作し、実験してもらいます。ちなみに、先生はつくったことがないので、つくり方を知りません。みんなで協力してやってみてください。相談しながらだと何とかできると思いますが、失敗してもかまいません。あれこれ相談しながら物をつくって、実験してみてください。困ったときは、先生も一緒に考えていきますから大丈夫です。

このように言ってから、実験キットを渡して活動させます。この前置きのポイントはいくつかあります。まず、「説明書があること」「相談すればできる」と見通しをもたせたところと、「失敗してもいい」と伝えたところです。見通しをもたせる一言と、「失敗してもいい」と楽観的な気持ちがあれば、子供たちは「協力して挑戦しよう」と思えます。

また、「先生はつくり方を知りません」と伝えたのもポイントです。このことで、当事者意識が生まれ、「自分たちで何とかしないと」という気持ちがチームに生まれました。

さらに、「あれこれ相談しながら試行錯誤してほしい」と教師が伝えました。それを個々の子供が理解した結果、「失敗してもよいから、試行錯誤しながら、挑戦しよう」という**「活動の仕方」**が、チームで共有されました。そして、「実験キットを組み立てて実験する」という**「活動のゴール」**も共有されました。

「活動の仕方」と「活動のゴール」が、**チームで共有できた**ので、進んで話し合い、失敗を恐れず挑戦できるようになりました。つまり、躊躇なく行動できるようになったのです。

最後に、「先生も一緒に考える」と伝えました。本当に困ったときは、教師に頼ればよいと思え、子供たちは安心して活動できたのです。理科の授業で、実験キットを渡して遊ばせる活動は、単元の最後に行うことが多いものです。一通り学習は終えているので、子供たちだけでも物をつくって遊ぶことができます。

前置きのちょっとしたやりとりですが、この一言があるのとないのとでは、まったく活動の質が違ってきます。何も言わないと、話し合いも活発になりませんし、試行錯誤もしようとしません。

3 集団によりよい雰囲気を生み出す要素

活動前の一言が、集団によりよい雰囲気をつくりました。そして、心理的安全性が生まれたのです。このちょっとした一言を、**「意図的に」**行いたいのです。

この事例を細かく見ていくと、心理的安全性を生み出す雰囲気をチームにつくるには、様々な要素があることがわかります。

①失敗してもよいなど、「楽観的な気持ち」をもたせる。
②こうすればできそうだという「見通し」をもたせる。
③自分たちで頑張ろうという「当事者意識」をもたせる。

④「活動のゴール」をチームで共有させる。
⑤「活動の仕方」をチームで共有させる。
⑥困ったら助けてもらえるという「安心感」をもたせる。

ここで是非理解してほしいのは、**「心理的安全性には、様々な要素が絡み合っている」**ことです。例えば、個々に当事者意識をもたせることで、子供たち一人一人は「教師に頼らず、自分たちで何とかしよう」と思えました。そして、個々が、いつもより積極的に発言し、試行錯誤しようとしました。

すると、それを見ていたチームのメンバーは、「みんなやる気になっているな。自分も頑張っていいんだ。自分も主張して、試行錯誤してもいいのだ」と思えました。こうして、「自分たちで何とかしよう」「積極的に行動しよう」という雰囲気がチームに生まれたのです。当事者意識という、一見、心理的安全性に関係ない要素が、実は心理的安全性を生み出す要因になっていたのです。

また、相談を推奨する声かけも、心理的安全性を生み出す雰囲気づくりにつながっています。ここでは、「積極的に相談しながら活動をしなさい」という行動規範を示しました。つまり、

望ましい行動の例を出し、そのように活動を進めなさいと、「活動の仕方」を示したのです。

「活動の仕方」がチームに共有されているからこそ、共有された「活動の仕方」を躊躇なくできるようになったのです。さらに、「先生も一緒に考える」という一言は、困ったときは教師に頼ればよいという安心感につながっています。これは教師が安全基地になっているので、その安全基地から飛び出して、いろいろな試行錯誤をしてみようと思えたのです。

このように、たった一つの理科実験の事例ですが、心理的安全性は、様々な要素と結び付いていることがわかります。心理的安全性を確保するには、様々な要素を満たすようにし、そして、チームによりよい雰囲気をつくっていく必要があるのです。つまり、人との「関係性」だけではなく、その他の様々な要素を満たすという「雰囲気づくり」も、心理的安全性の確保には必要になるのです。なお、CHAPTER1でも述べたように、**「リーダーの考え方・行動」「個々の考え方・行動」「集団の雰囲気」**の三つの要因も複合的に絡み合って、心理的安全性が生み出されています。

CHAPTER3では、どういう集団づくり・雰囲気づくりをしていけば、心理的安全性を確保できるのかを述べていきます。

肯定的で前向きなフィードバックが返ってくる状態をつくる

集団に受け入れられているという気持ちをもたせる

何らかの活動後、自分の役割がきちんと果たせたのか心配になるものです。そのため、活動後には、フィードバックを本人に返す必要があります。「どこができていて、どこに改善点があるのか」「評価できる点は何か」「助言」などを返していくわけです。

このフィードバックが、肯定的・前向きであるほど、「自分の役割が果たせた」と安心できます。リーダーである教師からだけでなく、**チームのメンバー**からフィードバックが得られるようにします。仲間からの肯定的で前向きなフィードバックがあれば、「集団に受け入れられている」という気持ちが生まれます。自分の頑張りが認知されていると思えます。安心して次も発言・行動しようと思えます。教師のフィードバックも大切ですが、むしろチームのメンバーのフィードバックのほうが、本人に大きな影響を与えることもあります。

肯定的で前向きなフィードバックは、**「ポジティブフィードバック」**とも呼ばれます。大切なのは、肯定的で前向きなフィードバックが、チームのメンバーから返ってくる状態をつくることです。もちろん、チームで活動する際、建設的な批判を伝え合ったり、問題点を指摘し合ったりすることも大切です。

しかし、心理的安全性が高まっていない状況では、批判や問題点の指摘を行うのは得策ではありません。批判や問題点の指摘によって、チームの雰囲気は悪くなり、心理的安全性が低くなることがあるからです。

そこで最初は、肯定的で前向きなフィードバックを返すことから始めます。**「本人のよさや頑張りを認めること」「過程や成果を称賛すること」**を中心にするのです。やがて、助言というフィードバックができるようになります。そして最後に、批判や問題点の指摘を行うことができるようになるのです。

例えば、何かのレポートを作成させ、プレゼンテーションを行ったとします。それを教師がフィードバックしていることは多いのです。しかし、聞いている子供たちにフィードバックさせている例は少なくなります。そこで、次のようなシステムをつくります。

①聞いている人は、発表のよいところ、頑張ったところを探して、伝えること。
②質問があればすること。助言できることがあれば、積極的に伝えること。

最初は、①だけで十分です。肯定的で前向きなフィードバックが返ってくる状態をつくります。

２ 心理的安全性の低い状況での指導

心理的安全性の低い段階では、①だけを徹底させます。

このとき、発表者への個別指導が大切になります。発表前に、個別指導を行い、レベルの高いレポート、プレゼンテーションができるようにしておきます。この仕込みで決まってしまうほど重要なので、念入りにやっておきます。そして発表してもらいます。個別指導をしているので、よい発表になります。前年度まで発表が苦手だった子も、堂々と発表します。レポートも詳しく仕上げてきます。それを見た他の子は一様に驚きます。

教師がまず、肯定的で前向きなフィードバックを返します。「ここがよかった。ここができていた」と称賛するのです。そして称賛する雰囲気をつくった上で、聞き手に感想を発表させます。聞き手からも、肯定的で前向きなフィードバックが返されます。

すると、学級集団に、「あの人はやればできる人だ」「頑張る人なんだな」という評価が生まれます。特に、前年度まで「頑張れない人」「できない人」などというレッテルを貼られていた子の評価は、劇的に変わります。

肯定的で前向きなフィードバックを必ず返さないといけない状態をつくると、その人のよさや頑張りのほうへ目が向くようになります。

こうしてまずは、肯定的で前向きなフォードバックを互いに返し合う状態をつくります。そして、心理的安全性が高まってから、②の段階に移ればよいのです。

3 心理的安全性が高まったら行う指導

肯定的で前向きなフィードバックを続けていると、心理的安全性は高まっていきます。そして、②の質問や助言の段階に入ることができます。互いに質問し合い、助言をし合うようになってきます。すると、子供一人一人の考え方が次のように変わってきます。

「誰だって改善点はある。改善点を教えてもらって、よりよい成果を上げていけばよい」
「友達から助言してもらえば、次はもっとうまくいく」
「みんなの力を合わせてチームで成果を出すことが大切だ」

やがて、子供たちは次のような考え方になっていきます。

誰でも改善点はあり、完璧を目指す道のりこそが大切で、集団知を生かすべきだ。

この考え方を教師が子供に語ってもかまいません。こうして、質問や助言をすることが普通になってきます。ここまでくれば、徐々に、**建設的な批判や問題点の指摘**も、互いに行えるようになります。

「建設的な批判や問題点の指摘」は第三段階です。心理的安全性が高まってきてから「批判や問題点の指摘」に移行すれば、無理がありません。互いに、「建設的な批判や問題点の指摘」を受け入れながら、自分を改善しようと思えるようになります。

フィードバックは様々な場面で行うことができます。

例えば席替えのタイミングで、同じ班だった人の頑張りや長所を、相手に伝えるようにします。これも一つのフィードバックです。また、授業で、社会科の新聞を書いたり、図画工作で何らかの作品をつくったりして、その新聞や作品に対しての意見を友達同士で伝え合うのもよいでしょう。感想を書き込めるようにしておいたり、付箋に感想を書いて知らせたりと、友達のよいところをフィードバックできる状態をつくります。

チームのメンバーが、特定の子の活動の様子を見るだけの状態になったり、発表をずっと聞いているだけの状態になったりすると、チームの協力が弱くなります。しかも、見るだけ、聞くだけの状態は苦痛を感じるものです。しかし、感想を述べたり、質問や意見を述べたりすると、その時間は苦痛どころか、充実したものに感じられるものです。実際に、意見を言い合うことで、チームの活動は充実していくのです。

心理的安全性を高め、チームの活動を充実させるためにも、まずは、肯定的で前向きなフィードバックが返ってくる状態をつくることから始めたらよいのです。

リーダーシップを発揮する場を分散する

子供のリーダーを固定しない

チームで活動する上で、リーダーを決めることがあります。リーダーが毎回固定されるのは避けるべきです。なぜなら、「あの人に任せたらいい」という「チーム内での依存関係」ができるからです。

また、「いつもリーダーをやってくれる人には反論しないようにしよう」「自分はリーダーをしたことがないから、目立つ行動は控えよう」などと思う子も出てきます。これでは心理的安全性は確保できません。

そこで、集団の誰もがリーダーになれる状態をつくります。固定されたリーダーではなく、場によってリーダーを変えていくようにします。

例えば、教室のお楽しみ会のイベントを、12人のグループでやってもらうとします。

- ☑ お楽しみ会のネタを調べ、企画を立てるチーム3人。リーダーはAさん。
- ☑ 司会・進行チーム3人。リーダーはBさん。
- ☑ お楽しみ会のゲームの説明・運営を考えるチーム3人。リーダーはCさん。
- ☑ 準備物作成・片付けチーム3人。リーダーはDさん。

一度の活動で、リーダーが4人も生まれています。もちろん、リーダーを決めなくても、ある程度の活動はできるものです。しかし、あえてチームごとにリーダーを決めます。リーダーを経験させることで、「集団の中で責任のある役割を果たした」という自信をもたせるためです。

また、周りの認識も変わります。この人はリーダーを担えるほど責任感があり、頑張れる人なのだという認識になるのです。

さらに、リーダーを経験した子は思います。「リーダーは思ったより大変だった。今度別の人がリーダーになったときに、応援して手伝ってあげよう」というように、優秀なフォロワーになってくれるのです。

このように、リーダーの経験を通すことで、よいことがたくさん生じます。これらのよいことが合わさって、学級に心理的安全性が生まれてくるのです。

ただし、教師はリーダー任せにしてはいけません。リーダーとして活躍できるよう、助言したり、手伝ったりします。だからこそ、本人が「自分にはリーダーは無理だ」と最初は思っていても、結局は役割を果たせるのです。

様々な場面でリーダーを変えていく

別の場面では、他の子にリーダーを割り振ります。例えば、「朝の挨拶を元気よくできる学校にしよう」という取組を行うとします。挨拶を推奨する運動を、定期的に学級単位で担う取組です。この活動でも、複数のグループをつくり、リーダーを決めます。

「正門の前で全学年に挨拶するチームのリーダーは、元気なAさんにお願いします」
「低学年の教室をまわるチームのリーダーは、優しくて面倒見のよいBさんにお願いします」

4人程度でチームをつくり、その中の一人にリーダーになってもらいます。そして、「みなさん、おはようございます。元気よく挨拶したら気持ちがいいですよ！」などと、挨拶を奨励してまわってもらいます。新撰組を模した旗と服で、挨拶運動をしたことがありますが、下学年から「あのお兄ちゃん、お姉ちゃんはすごい！」と評判になりました。

このように、場が違えば、活躍する子が変わります。それは、場によって、発揮できる能力が異なるからです。

そのことを教師が理解して、様々な場でリーダーシップを発揮してもらえばよいのです。授業や係活動、学校行事、休み時間の遊び、クラブ活動や部活動など、場に応じてリーダーを決めていきます。リーダーシップが分散するからこそ、相互への敬意や尊敬の念が生まれてきます。「あの人は責任ある役割を務めている。すごいな」という感情が自然と生まれるからです。

そして、一人一人の意見や行動を尊重する気持ちになります。また、進んで協働しようとする前向きな気持ちが生まれるのです。

なお、リーダーを決める際は、適材適所が不可欠です。

「この子の個性を発揮できるところはないか」
「この子の長所を生かせる場はないか」

「この子の短所が長所に変わる場はないか」

そういうことを、あらかじめ教師が考えておくとよいのです。

強みが生かせる場や役割を選択させる

強みを活かせそうな場や役割を、子供自身に選択させるのもよい方法です。

この場合、「自分の強みって何だろう?」という「自己分析」を日頃から行っておく必要があります。長所や得意分野、好きなことなどを自分で分析させるのです。

例えば、学期の終わりに「この学期に頑張ったことや、自分のよさが発揮できたことを振返って日記に書いてきましょう」と課題を出すのも、自己分析の一つです。他にも、同じ班の人やチームメイトに、友達の頑張ったことやよさをフィードバックさせる活動も、自己分析の一つです。

人から強みを教えてもらうと、自分では見えていない長所に気付けることがあります。

自己分析を通して、強みを自覚させ、強みを生かせる場や役割を選択させたらよいのです。

①自分の強みを自覚させる。
②仕事を複数のチームに分散する。
③リーダーをチームごとに設定する。
④子供に、どのチームに所属するか選択させる。
⑤リーダーはプロジェクトごとに変化させる（一つのプロジェクトが終わって新しいプロジェクトが始まると、リーダーも別の人になる）。

私たち教師は、子供には（大人でも）それぞれ、得意なことや不得意なことが異なっていて、個人差があるのだと認めないといけません。得意なところでリーダーを務めてもらえばよいのです。

助けを求めるのが当たり前の雰囲気をつくる

どんな人でも自分の弱さを隠したい

子供がチームのリーダーに任命されると、最初は次のように思っていることがほとんどです。

「失敗は許されない」
「自分はできる人だと思われないといけない」
「弱みを隠さないといけない」
「不安を隠して、余裕のあるふりをしないといけない」

なお、これらの感情は、リーダー以外の子ももっています。どの子も多かれ少なかれ、このような感情を抱いているのです。

発達心理学と教育学を専門としているロバート・キーガン氏（Robert Kegan）とリサ・ラスコウ・レイヒー氏（Lisa Laskow Lahey）は、組織改革の研究をしており、著書『なぜ弱さを見せあえる組織が強いのか』（英治出版）で、組織に属しているほとんどの人が、「自分の弱さを隠す」ことに時間とエネルギーを費やしていると指摘しています。そして、「自分の弱さを隠す」ことへのエネルギーの無駄が、組織の成長や、個人の成長を阻んでいると主張しています。

「自分の弱さを隠す」ことに意識が集中した結果、「助けを求めるのは恥ずかしい」「自分にできそうにないことに挑戦したくない」など消極的な行動をとってしまいます。こうして、「助け合いながら、チームで成果を上げる」という雰囲気が弱くなってしまうのです。

これでは、チームの成長も、個人の成長もありません。

2 相互依存していることに気付かせる

この雰囲気を変えるには、「相互依存」の関係にあることに気付かせなくてはなりません。私たち教師の仕事を考えても、校務分掌をしており、相互依存していることは容易にわかります。およそどんな仕事でも相互依存しているものです。

学級の子供たちも同じです。それぞれに大切な役割を担っています。互いに助け合って、チームとして成果を出していくことが大切なのだと、教師が気付かせなくてはなりません。

例えば、4人で話し合いをさせるとします。このとき、4人にそれぞれ役割を担ってもらいます。4人しかいませんから、司会、書記、発表係、質問をする係などに分けます。「質問をする係」とは、話をしっかり聞いて、わからないところやもっと詳しく話してほしいところを質問する係です。しっかりと話を聞いてくれる人が一人でもいると話し合いが進むため、この係の貢献度は高いものがあります。4人以上いるなら、「肯定的な感想を言う係」「みんなの意見を図や絵に整理する係」などの係をつくってもよいでしょう。

このように「ちょっとした活動」でも、何らかの役割を担ってもらいます。そして、その役割を果たしてくれたことに、教師が重要な意味があったのだと語らなくてはなりません。例えば、肯定的な感想を言う人や、話をしっかりと聞いてくれる人がいると、話し合いが充実するのだと語ります。すると、チームの各人が役割を果たしてくれたことに気付けますし、相互依存の関係にも気付けます。しかも、互いに助け合ったことで、活動が充実したことを体験できたのです。

このように、相互依存の関係にあると理解させることが、「助けを求めるのが当たり前の雰囲気をつくる」第一歩となるのです。

助けを求めてもよい雰囲気をつくる

さて、役割分担を毎回していると、次のような考えが個々に生まれてきます。

「自分は毎回、大切な役割を果たしている」
「苦手な役割は人にやってもらってもよい」
「自分が得意な役割で力を発揮すればよい」

司会が苦手だと思っている人は、得意な人にやってもらえばいいのです。アイデアを出すのが苦手なら、聞き手にまわればよいのです。

このことを教師が教えてもよいでしょう。

「得意・不得意は、人によって違います。自分の得意な分野で役割を果たせばよいのです」
「得意分野でも、助けてほしいことが出てくるかもしれません。そんなときは、助けを求めてください。困ったときは友達でも先生でも助けを求めていいのです」

重要な役を学級で任されているという自負があり、役割を果たしてきたという自信があれば、助けを求めやすくなります。

子供たちは、「弱みを見せてもよい、だって他の場では活躍できるのだから」と思えるのです。そして、困ったらチームの仲間や教師に、助けを求められるようになるのです。つまり、自信が高まったからこそ、弱みを見せられるようになったのです。無能だとか、相手から馬鹿にされるという不安が軽減されたからです。

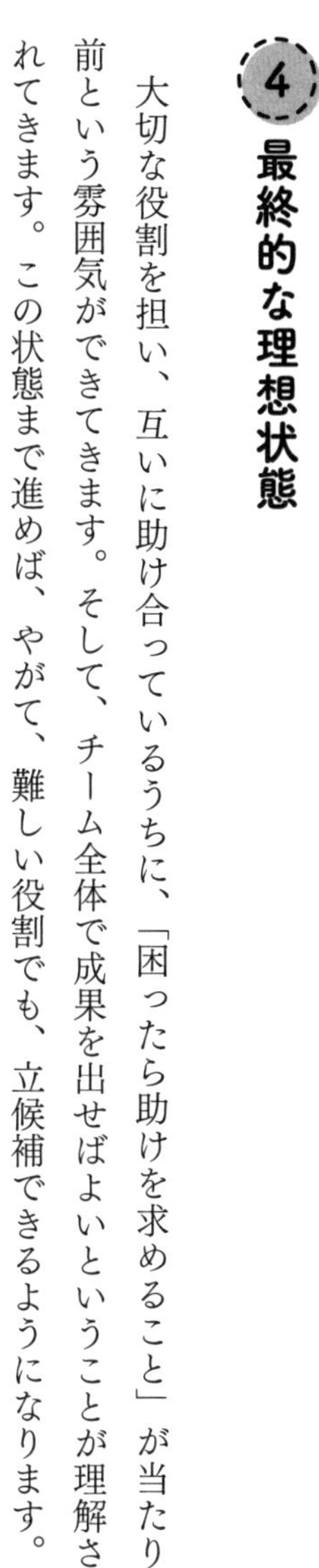

4 最終的な理想状態

大切な役割を担い、互いに助け合っているうちに、「困ったら助けを求めること」が当たり前という雰囲気ができてきます。そして、チーム全体で成果を出せばよいということが理解されてきます。この状態まで進めば、やがて、難しい役割でも、立候補できるようになります。

そこで教師は、次のことを子供に勧めるようにします。

今はできないと思える役割でも、自分がやりたいと思うものに立候補することを推奨する。

つまり、今の自分の実力以上と思える役割でも、助けを得ればできることに気付かせていくのです。最初は「できない」と思っていた役割も、誰かの助けを借りれば、役割を果たせます。一人が全部やろうとするのではなく、チームで成果を出すことが大切なのだと理解する子が増えてきます。こうして、個々がチーム内で役割を果たそうとし、困ったら助け合って、チームとして成果を出せるようになるのです。

トライアルアンドエラーが当たり前の雰囲気をつくる

トライアルアンドエラーを普通のことだと教えよう

先進的なことに挑戦したり、新しい製品を開発したりする研究機関や企業では、「間違いや失敗は当たり前」ということが共通理解されています。

このような分野では、最初から正解が出ることはまれだからです。思いついた方法を次々と試み、間違いや失敗を重ねるうちに、少しずつ問題が解決し、正解がわかってくるのです。

例えば、バイオ関連企業のように、研究開発を中心とする企業では、失敗率は90%を超えることすらあります。このような企業では、間違いや失敗は当たり前であり、むしろそこから何を学んだかが重視されます。学びがあれば前進しますので、学んでいるかどうかがその人の評価になるのです。

個人や集団が、間違いや失敗から学ぶことで成長する。

このことを大切にしている企業が大きく発展していることが、２０００年代初頭から明らかになってきました。つまり、企業も、まるで学校のように、間違いや失敗を糧にした成長を重視するようになっているのです。

さて、子供時代は、何をするにしても、初めてであったり、挑戦であったりするので、間違いや失敗は多くあります。間違いや失敗は普通のことなのだと、教師がまず認識できていないといけません。もし間違いや失敗があったとしても、それは問題にしなくてかまいません。むしろ、間違いや失敗から学ぼうとしないときに初めて問題とすればよいわけです。そのため、学級には、「間違い・失敗」に寛容な雰囲気をつくるべきです。

「間違い・失敗」から学んでいたら、称賛されるべきです。あれこれと試してみて、間違いや失敗から学び、軌道修正して解決していく「トライアルアンドエラー（trial and error）」を推奨すべきです。「間違い・失敗」があっても、誰かから非難を受けたり、立場が弱くなったりすることがあってはいけません。

② リフレーミングを行う

間違ったときに、教師に非難されたり、周りの友達に笑われたりしたとします。すると、それを見ていた子供は思います。「間違ったり、失敗したりしたら、友達に馬鹿にされ、教師から低い評価を受ける」。このような経験を共有してしまうと、「トライアルアンドエラーが普通」という雰囲気は生まれません。

しかもこの場合、弊害も生まれます。失敗や間違いをしそうになった際や、失敗や間違いに関係しそうになった際に、「自分が責任をとらされる」「馬鹿にされる」と思って、ごまかそうとするのです。結果として、これでは間違いや失敗から学べないし、成長につながりません。

しかし、間違いや失敗をしたとしても、「挑戦したことがすばらしい」と周りから認められ、間違いや失敗から学ぶことができた子が称賛されていたらどうでしょうか。

それを見ていた子は、「挑戦には間違いや失敗がつきものであり、学ぶことで成長できる」と思えることでしょう。すると、臆さず挑戦しようと思えますし、間違いや失敗をごまかすことなく、そこから学ぼうとすることでしょう。

このように、「挑戦したら間違いや失敗が起きた」という同じ状況でも、状況への**解釈**は、後ろ向きのものと、前向きのものとがあるのです。当然ながら、後者の解釈を子供にしてもらわないといけません。

もしも、子供の解釈が前者のようになっていたら、**再解釈をさせる必要があります**。再解釈とは、**リフレーミング**とも呼ばれる心の働きです、物事を見る枠組みはフレームと呼ばれます。何らかの現実について「このようなもの」と解釈して信念をつくることは、フレーミングと呼ばれます。リフレーミングとは、解釈し直して新しい信念をつくることを意味します。

そしてこの解釈を、学級で共有させるのです。なお、物事を見る枠組み（フレーム）を共有することを、**共有フレームをつくる**と言います。

「間違いや失敗は、挑戦につきものであり、問題ないこと。むしろ、間違いや失敗から学べば成長できること」という解釈を構築させなくてはなりません。

日本では古くから、「間違いからたくさんのことが学べる」という授業をあえて行うようにしてきました。斎藤喜博（１９５２年に島小学校校長となり11年間島小教育を実践し、全国から一万人近い人々が参観した）が島小学校の校長だったとき、「〇〇ちゃん式まちがい」の実践を示したことがあります。正解ばかりを扱う授業をするのではなく、つまずきを学級全体の問いとして考えさせ、間違いから学ばせる授業です。

教師によっては、学級開きで、『教室はまちがうところだ』（子どもの未来社、蒔田晋治［著］、長谷川 知子［絵］）を読み聞かせる人もいます。

間違いや失敗は歓迎すべきもので、挑戦しているからこそ起きることであり、成長にとって必要なのだという「再解釈」をさせなければなりません。そして、再解釈した内容を、学級で共有させていくのです。

3 トライアルアンドエラーが普通になると

心理的安全性が高まってくると、間違いや失敗をさらけ出しても、リスクがない、誰からも攻撃されないと思えるようになります。やがて、自分の弱み、助けてほしいところ、困っているところをさらけ出せるようになります。

先ほど紹介したロバート・キーガン氏とリサ・ラスコウ・レイヒー氏は、著書『なぜ弱さを見せあえる組織が強いのか』（英治出版）で、個人が弱さをさらけ出すには、弱さをさらけ出してもリスクがないという信頼性の高い環境が必要だとしています。そして、個人が弱さを克服しようとするとき、個人の成長があり、個人の成長は組織の成長につながると主張しています。

これを心理的安全性の概念で説明するなら、心理的安全性が高まると、弱さをさらけ出せるようになり、弱さをさらけ出してもリスクがないことを経験すると、心理的安全性がさらに高まると考えることができます。

「トライアルアンドエラーは当たり前」ということを、教師が語ることも重要です。教師自身も、間違いや失敗から学ぶことが多いはずです。その経験を話してもよいでしょう。間違いや失敗を歓迎する雰囲気ができると、チームで活動する際に、「ここは間違っているから、やり直そう」「このままだと失敗しそうだから、少し軌道修正しよう」と、間違いや失敗を指摘しながら活動できるようになります。

これはチームにとっては大きな進歩であり、成長です。

そして、先ほどの「助け合い」が当たり前の雰囲気もありますから、「先生、ここが困ったから助けて」「Aさんここ手伝って」と助けを求めながら、チームで成果を出せるというわけです。

心理的安全性を高めるための行動規範を浸透させる

行動規範を示すことの意味

「このように行動したらよい」という行動規範を示すことで、集団に**「行動の仕方（活動の仕方）」**が共有されます。行動の仕方を共有した結果、集団の中で、その行動を取りやすい雰囲気が生まれます。

先ほどの「間違いや失敗は当たり前」という雰囲気をつくる場面で考えてみましょう。活動前に、「このように行動したらよい」ということを、教師が示します。

「間違いや失敗を恐れると学びが深まりません。難しい問題に挑戦している人ほど、間違いや失敗が多くなります。でも、間違いや失敗から学べるので、成長できます。間違いや失敗をしてもよいので、自由にあれこれ考えたり、やってみたりしてください」

このように、**行動規範を先に示す**のです。たった一言なのですが、雰囲気はサッと変わります。「行動の仕方」が共有され、「間違いや失敗をしてもいい」という雰囲気が集団に生まれるのです。その結果、個々が安心して、「トライアルアンドエラー」できるというわけです。

また、別の場面でも考えてみましょう。

チームで高いパフォーマンスを発揮しようと思えば、個々が、自分の考えや気付きを相手に伝えるコミュニケーションができなければなりません。反論も言えなくてはなりませんし、時には間違いを指摘することだってできなくてはなりません。

そこで、チームでの話し合いの前に、次のように話します。

> 「この学習は反論を言い合ったほうが、学びが広がります。多様な意見を知ることで、様々な立場から考えられるからです。できるだけ、多様な意見を出すため、反対意見をどんどん出しましょう。反論は悪口を言っているわけではありません。相手を否定しているわけでもありません。単に、意見が違うだけです。だから、反論を言われても、怒ってはいけませんよ」

先ほど示した「討論の授業」で、このような話をすることがよくあります。

行動規範が集団に共有されることで、「じゃあ、反対意見を進んで言おう」という雰囲気が生まれます。このやり方が推奨されていると集団で合意できているから、その合意されている行動を取りやすくなるのです。こうして安心して反論を言い合うことができるのです。

順序としては、次のようなカラクリになっています。

①活動前に、教師が行動規範を示す。
②チームの中に、「このように行動したらよい」という規範が共通理解される。
③チームの中に、安心して行動できる雰囲気が生まれる。
④個々が安心して行動できる。
⑤安心して行動した結果、成果を上げることができたという共通の経験ができる。
⑥次もまた、「このように行動しよう」と個々が思える。
⑦チームの中に、安心して行動できる雰囲気がさらに生まれる。

このように、「教師の語り」「本人の経験」「集団での共通理解」「集団の共通体験」によって、行動規範は浸透していきます。行動規範が浸透すれば、心理的安全性はますます高まるというわけです。

実際に、活発に反論し合った結果、深い学びができたという経験をすると、「反論し合ってよかった」「反論しても喧嘩にならなかった」「反論しても、意見と人を区別してくれて、相手と仲が悪くなることはなかった」といった実感を得られます。すると、次もまた「行動規範に沿って行動しよう」と個々が思えます。そして、集団の雰囲気として強化されていくのです。

これは先ほどの「リフレーミング（再解釈）」にも関連しています。「反論は、価値ある学びをするために必要だ」という新しい解釈が生まれたのです。

こうして徐々に、「反論を言い合うことが当たり前」という雰囲気になってくるのです。行動規範が浸透し、心理的安全性を高めることができれば、あとは個々の資質にかかわらず、間違いを恐れなくなり、反論を普通に言い合えるようになります。

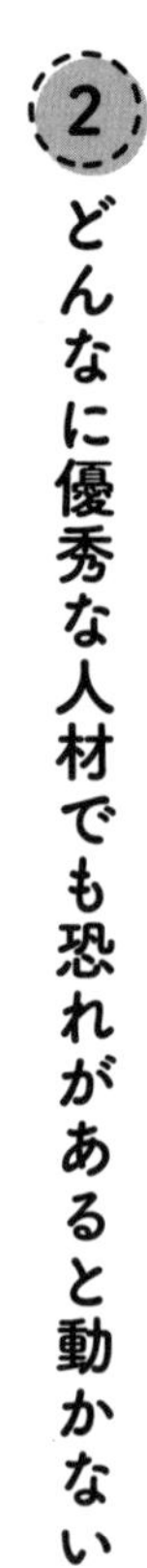

2 どんなに優秀な人材でも恐れがあると動かない

「黙っていたほうが楽なので、問題があっても指摘しない」

大半の人はそう考えます。実は、優秀で能力が高い人であっても、高い地位にある人であっても、そのように考えることがわかっています。

これには有名な研究結果が根拠になっています。エドモンドソンと、コーネル大学のジム・デタートによる研究（J. R. Detert and A. C. Edmondson（2011）「Implicit Voice Theories: Taken-For-Granted Rules of Self-Censorship at Work」, Academy of Management Journal 54,no.3,pp.461-488）で、グローバルなハイテク企業に勤める幹部やマネジャー、現場主任などへの数百人に対する取材で、およそ全ての人が、仕事関連の大きな問題ははっきりと主張しないと答えたのです。取材をした人物は、所属部門や専門分野、出生国などが様々であったにもかかわらず同じように答えました。

高い教育を受けた責任ある地位の人であっても、問題となるとわかっていて声に出さないのには理由があります。それは、認知的な問題があるからです。私たちは自分より地位の高い人に対して直言したり、違う意見や問題点を提出したりすると、相手から嫌われる、怒られると いったリスクを感じてしまい、そのリスクを過剰評価してしまうのです。

問題を指摘しても、実際には自分へのリスクはないかもしれないのに、何もしないほうが自分のリスクを回避できてよいと考えてしまうのです。

私たちは、心理的安全性がないと、自分の意見を言うことさえ難しいのです。

そこで、チームで「対話」させる際には、次のような行動規範を、学級に浸透させなくてはなりません。

①相手の主張に耳を傾け、理解するよう努める（相手の考えを尊重する、相手の頑張りを認める、相手の立場を尊重する）。
②話を聞いた後で、自分の主張を言う。反論や違う意見、問題点の指摘も行う。
③自分の主張の後は、相手の主張に耳を傾け、理解するよう努める。

こういう行動規範をつくり、何度か練習します。趣意を説明することも大切です。

「意見の相違は大歓迎です。より考えを深めるために必要だからです。ですから、どんどん反論や違う意見を出してください。問題点を指摘してもかまいません。相手を攻撃しているわけではありません。意見が違うだけなので、何かを指摘されても怒らないでください」

大人でも、意見の相違があると、「相手の考え方がおかしい」と、相手の個人的な資質や能力、性格が悪いと思ってしまいがちです。そうではなく、意見の相違は当たり前に起きることを教えないといけないのです。

この行動規範は、スローガンだけで終わるなら、浸透はしません。しかし、「反論した結果、学びが深まって成果が出た」「問題点やわからないことを話しているうちに知識が深まった」といった経験があり、その**経験を集団で共有する**と、行動規範が本当に大切だったと理解でき、その**規範が集団に浸透していく**のです。

反対の立場にも道理があり、意見の食い違いは普通だと思えるようになってきます。むしろ意見の違いがあるのが前提で、どれだけすり合わせられるかを考えるのが重要だという考え方になっていきます。相手の意見も尊重できるようになるのです。

他にも、行動規範として私がよく示すのは次のことです。

「全員一度は何か言いましょう。感想でもよいから言えるといいね」
「マイナス発言はしません。みんなのやる気を高めるような前向きな発言ができるといいね」
「相手の発言を否定しません。自分はこう思うという言い方ができるといいね」

これらの言葉には、「禁止」と「こうしたほうが望ましい」の二つの要素が含まれます。禁止で示す場合もありますし、望ましい行為を示す場合もあります。多くの場合は、望ましい行為を示したほうが、子供たちはどう行動すればよいのかはっきりわかるので、効果的です。しかし、何度もやってはいけない行動をする子がいたら、「禁止」として明確に示す場合もあります。「他の人のやる気をそぐことを言わない。思っても口に出さない」といった具合です。

暗黙の行動規範では子供は動きません。はっきりと明文化、言語化するから、意識して行動できるのです。

チームと個のゴールを確認させる

集団でゴールを共有しておくことの意味

チームで作業する際、**「活動のゴール」**が必要になります。チームが何を目指しているかを知らないと、何をどう頑張ればよいのかがわからないからです。

ゴールとは、夢や目標のことです。**目指している成果や実現したい状態**を意味します。例えば、音楽会のゴールなら、「観衆も自分たちも感動できる演奏・合唱を披露する」といったものになります。環境問題に関する学習なら、「環境問題に関して、現状と対策を調べ、持続可能なよりよい未来へのイメージを考える」といったものになります。

チームのゴールを、各自が理解しておかなくてはなりません。

ただし、ゴールを各自が理解するだけで、心理的安全性が確保され、チームがスムーズに活動できるかと言えば、そうではありません。ゴールを、**「チームで共有できている」という実感**が、心理的安全性の確保では必要になります。ゴールをチームで共有できている実感があれば、ゴールを達成するために何をすればよいのかも、共通理解することができます。その結果、個々が恐れなく安心して行動できるようになります。つまり心理的安全性が高まったのです。

4月には、学級目標をつくっているはずです。この学級目標が、学級というチームのゴールになります。つまり、「学級がどういう状態を目指していくのか」を4月に共通理解するのです。

「みんなで高め合える学級にしよう」
「一人一人のよさを生かせる学級にしよう」

そういったゴールを理解させるだけでは不十分です。共有しているという実感をもたせなくてはなりません。だからこそ、学級目標をつくる際には、「全員でこのゴールをつくり、そして共通理解した」という時間をとらなくてはなりません。

チームのゴールと個のゴールの両方を確認しておく

学級目標をつくる際、**ゴールを共有したという実感**をもたせなくてはなりません。私の場合は、4月の学級開きから、ことあるごとに、「こういう学級にできるとすばらしい」ということを語るようにしていました。「みんなで力を合わせることができる学級は、楽しく過ごせるし、みんなで成長できる学級だ」といった具合です。すばらしい学級の姿を示し、それがなぜすばらしいのかを趣意説明するのです。

こうして、学級開きからしばらくして、まず一人一人に、「どんな学級にしたいか」を考えてもらいます。このとき、教師の語りが効いてきます。そして、一人一人の思いや願いを教師が確認します。その一人一人の思いや願いを反映した学級目標をつくるわけです。

一人一人の思いや願いが書かれた紙を、教師が読み上げていきます。一人一人の思いが全員に伝わります。そして、一人一人の思いや願いを反映した学級目標を全員で考えていきます。教師が素案を示すこともあります。こうして、全員でゴールを共通理解する時間をとるのです。これで、チームのゴールを全員で共通理解したという実感をもたせることができます。

なお、学級目標ができたら、一人一人の個別の目標も考えてもらいます。学級目標を意識しながら、今年1年頑張りたいことを子供たちは考えます。例えば、「みんなで高め合える学級にしよう」という目標があるなら、「友達のよいところに注目するようにして、仲間と協力できる1年にしよう」といった具合になります。

このように、学級全体のゴールと、個人のゴールは関係し合っています。

 定期的にゴールを確認する時間をとる

学級目標がお題目にならないためにも、定期的にこのゴールを確認するようにします。学級全体で、「学級目標が達成できそうか」を話し合うのが基本となります。そして、「何を頑張るのか」「どういう行動を大切にするのか」も話し合います。すると、「チームのゴール」だけでなく、**「ゴールに向かう方法」**も共通理解できたことになります。

チームのメンバーで、ゴールや、ゴールを達成するための具体的な方法を共有したという実感をもたせることができます。だからこそ、心理的安全性が高まり、躊躇なく行動できるようになるのです。

また、個人懇談の時間を定期的にとるのもよいでしょう。

個人懇談のやり方はこうです。

「こういう学級にするのがゴールでしたよね」と話します。学級全体のゴールを再度、共有するのです。続いて尋ねていきます。

「このような学級を目指している中で、うまくいっているなあと思えることはありますか?」

「個人の目標で、自分が頑張っていると思うことはありますか?」

このように、必ずよいことから尋ねていきます。毎回よいことから尋ねていると、友達の頑張りや自分の頑張りが見えてくるからです。意識して初めて見えてくることも多くあります。よかった出来事や頑張っていることに注目させるから、自信が出てきます。そして、いい集団に恵まれたことに気付けます。

続いて、「課題」を尋ねます。

「学級目標を目指す上で、何か問題や困ったこと、こうしたらいいことはありませんか」

「個人の目標で問題や困ったことはありませんか」

自由に、困りを話してもらいます。不満も出るかもしれません。それをしっかりと傾聴します。そして一通り、課題や不満を聞いたら尋ねます。

「では、今後、何かできそうなことはありますか？」

課題を解決するためのアイデアを考えてもらいます。自分や友達が頑張っていることを、さらに発展させるアイデアでもかまいません。

自分なりに学級全体のゴールに向かって、何ができるかを考えてもらいます。最初によかったことを尋ねたので、意識がポジティブになっています。肯定的、前向きに、課題をとらえ、その課題に取り組もうとしてくれます。

そして、「その行動をとるのに躊躇はしなくていいよ、先生も応援しています。自分にできることから始めてください」と励まします。わずか10分ほどの個人懇談でも、大きな効果があります。学級目標、そして個人の目標に向かって、積極的に行動してほしいと伝えたのです。教師が応援していると伝えたのです。心理的安全性がますます高まるはずです。

このようにチームで活動する際には、ゴールを共有している実感をもたせることが、心理的安全性を生むのです。

集団が共有する雰囲気をよりよいものにする

Atmosphere

集団によりよい雰囲気を生む要素

どのように心理的安全性を生み出す雰囲気をつくるか…

①ポジティブフィードバックが返ってくる状態をつくる

心理的安全性 低
肯定的で前向きなフィードバックを互いに返し合う状態をつくる。

心理的安全性 高
互いに質問し合い、助言をし合う。その後、建設的な批判や問題点の指摘をし合う。

②リーダーシップを発揮する場を分散する

例 お楽しみ会

企画立案リーダー Aさん
司会進行リーダー Bさん
説明リーダー Cさん
片付けリーダー Dさん

誰もがリーダーになれる状態をつくる。固定ではなく、場によってリーダーを変えていく。

③助けを求めるのが当たり前の雰囲気をつくる

相互依存の関係

Aさん　Bさん　Cさん　Dさん

気付かせる

弱みを見せてもよい、だって他の場では活躍できるのだから

個人・チーム 成長！

④トライアルアンドエラーが当たり前の雰囲気をつくる

挑戦したら間違いや失敗が起きた…

リフレーミング　**再解釈をさせる**

間違いや失敗から学べば成長できる！

集団の質を高め、心理的安全性を確保する

Group
行動規範を浸透させる

「このようにに行動したらよい」

》行動規範を先に示し、行動の仕方を共有する

①活動前に、教師が行動規範を示す。
②チームの中に、規範が共通理解される。
③チームの中に、安心して行動できる雰囲気が生まれる。
④個々が安心して行動できる。
⑤成果を上げることができたという共通の経験ができる。
⑥次もまた、「このように行動しよう」と個々が思える。
⑦安心して行動できる雰囲気がさらに生まれる。

チームと個のゴールを確認させる

心理的安全性の確保のために必要なものは…

》ゴールを「チームで共有できている」という実感

例 4月の学級開き：教師の語り
「みんなで高め合える学級にしよう」
「一人一人のよさを生かせる学級にしよう」

例 学級目標をつくり、一人一人の目標も考える
※学級全体のゴールと、個人のゴールは関係し合っている。

例 定期的にゴールを確認する：個人懇談
※学級全体のゴールを再度、共有した後、課題を尋ねる。

心理的安全性が高まり、躊躇なく行動できる

CHAPTER

4

ハイパフォーマンスを発揮できる学級経営

ハイパフォーマンスが発揮できる条件

学級経営のゴールとは？

心理的安全性の確保は、学級経営の「ゴール（＝最終目的）」ではありません。学級経営のゴールは別のところにあります。むしろ心理的安全性は、学級経営のゴールを達成する「前提条件」となるものです。

学級経営のゴールは、**互いが切磋琢磨して成長している状態をつくること**です。集団が成長し、個々も成長している。そんな状態をつくることが学級経営のゴールなのです。

互いが切磋琢磨する状態は、**各自が高い目標に向かっている状態**です。個々が、自分の本当に実現したいゴールに向かって挑戦し、成長している状態です。心理的安全性があれば、自分の実現したい夢や目標を、自由に描くようになります。冒険心が高まり、自分の可能性を探ろうとします。そして、遠い未来のゴールを描けるようになるのです。

また、心理的安全性があれば、互いに助け合ったり、助言し合ったりすることが自然とできるようになります。間違いや失敗があっても、そこから学び、成長しようと思えるようになります。

こうして、切磋琢磨して成長し合う集団が生まれるのです。

なお、個々が描く目標やチームが描く目標は、できるだけ自分の意志で考えることが大切になります。義務感で目標を達成しようとするよりも、心からやりたいと思って動く状態のほうが、望ましいからです。やる気も高まりますし、高い目標であっても粘り強く取り組めます。

2 学級経営の四つの状態

心理的安全性が確保できても、高い目標への挑戦がない状態では、「ぬるま湯」になってしまいます。心地よく感じる状態かもしれませんが、成長はありません。

反対に、高い目標に挑戦しているけれど、心理的安全性がない状態だと、不安が高じて、挑戦する意欲が下がってしまいます。また、不安が高じると創造的な思考力が落ちます。粘り強く頑張る気力も落ちます。燃え尽き症候群になるのもこの状態のときです。

心理的安全性が低く、高い目標をもてない状態は、学級崩壊の状態です。子供たちは、無気力、自暴自棄になってしまいます。

「心理的安全性高い・高い目標がある」→　理想状態
「心理的安全性高い・高い目標がない」→　ぬるま湯で成長のない状態
「心理的安全性低い・高い目標がある」→　不安が高じて挑戦を続けられない状態
「心理的安全性低い・高い目標がない」→　無気力、学級崩壊の状態

心理的安全性が高まると、高い目標を描けるようになります。ただし、高い目標への挑戦には、緊張感や不安の高まりがついてきます。高い目標になっているかどうかの判断材料は、その高い目標を考えると、「不安を感じるかどうか」です。不安が恐怖となり、その人の足かせになるのです。だからこそ、心理的安全性を維持しなくてはなりません。

そこで、高い目標を設定し、挑戦するようになったら、心理的安全性の確保に、より一層努めなくてはなりません。つまり、**高い目標への挑戦と心理的安全性の確保がセット**でなければ

ならないのです。高い目標に挑戦するという緊張感や不安の中で、心理的安全性が確保されなければならないのです。

3 ハイパフォーマンスを発揮する学級

心理的安全性を確保しようとして、次のように活動前に伝えたとします。

> 失敗してもまったくかまいませんので、いろいろと試してみてください。

すると、中には緊張感をなくし、適当に取り組んだり、遊んだりするなど、別行動をしてしまう子が出てきます。心理的安全性は高まりましたが、気の緩みが出てしまったのです。結果として、進んで活動する子は増えましたが、チームで成果を上げることはできませんでした。

この場合、心理的安全性を確保しようとするあまり、「高い目標を求めること」を忘れてしまったのです。このミスは、実は多くの教師がやってしまっていることです。特に心理的安全性を学び始めたときには、よく起きるミスです（ミスをしていることに気付いていない教師もいます）。

高い目標と心理的安全性の両方がそろうからこそ、個も集団もハイパフォーマンスを発揮できるのです。「ぬるま湯」では、成長はありません。反対に、緊張感が高まりすぎると、抽象的な思考ができなくなり、視野が狭くなるので、よくありません。よって、適度な緊張感の中で心理的安全性を確保することが、ハイパフォーマンスを発揮させる条件なのです。もし活動をサボっている子がいたら、きっぱりと言わないといけません。

- 適当に活動するのはもったいないです。こういう大切な学習なので、このような行動をしてよい学びをしてほしいと思います。
- こういう目標で活動をしていますよね。このままだと目標まで到達できないので、ここを頑張ってください。君ならここまでは絶対できますから。

このように、指摘や激励をすることがあってもかまいません。激励されると、緊張感が出てきます。ここでは、「活動の趣意説明」「ゴールの確認」、そして、「君ならここまでは絶対にできる」という「現在あるべき姿の確認」をしています。決して、**無理矢理活動させようとしているわけではありません。**

そして、ここからが大切なのですが、この**緊張感が出てきた状態で放っておいてはいけない**のです。むしろ、この後が大切なのです。子供は高い目標に向かって挑戦しています。教師に激励されたので、緊張感を感じています。このときこそ、教師がフォローを入れるべきです。「何か困ったことはないかな」「いつでも質問に来てね」と助け船を出したり、「いい感じでできているよ。やっぱりAさんはコツコツと進められる人だね」などと称賛したりして、心理的安全性を感じられるようにするのです。

すると、緊張感の中で、心理的安全性も確保できます。このときに個々やチームのパフォーマンスが最も高くなり、最も成長できるというわけです。

互いの自己評価を高め合う状態をつくる

ハイパフォーマンスを発揮させるための「要諦」

心理的安全性は高いけど、高い目標への挑戦がない状態は、「ぬるま湯」の状態です。「ぬるま湯」は、居心地のよいものです。心地よいので、「現状維持」でよいと思えます。しかし、「ぬるま湯」では個人の成長も、集団としての成長もありません。

そこで、高い目標への挑戦が必要になります。高い目標への挑戦は、いわば、「居心地のよい空間」から抜け出して、「居心地の悪い空間」に移動することを意味します。しかし、この「居心地の悪い空間」が、実は、個人や集団の学び・成長を促すという意味で、「学習や成長が促される場」なのです。「居心地の悪い空間」は、本人にとってみれば、緊張感の高い空間です。不安や心配が増しているので、うまく自分の力が発揮できないかもしれません。

そこで、教師や周りの友達からの「助言、助け、励まし」などのフォローが大切だと述べました。フォローがあると、緊張が和らぎ、心理的安全性が出てくるからです。

「高い目標への挑戦という緊張感の中で、心理的安全性を確保することができればよい」

これをしっかりと理解してほしいのです。

さて、心理的安全性を確保する方法は、教師や友達のフォローだけではありません。もう一つ大切な方法があります。それは、次のことです。

居心地の悪い「学習や成長が促される場」を「居心地のよい空間だ」と思えるようにする。

この方法を意識できている教師は、とても少なくなります。

しかし、この方法は、ハイパフォーマンスを発揮させるための「要諦」とも言える大切な方法です。つまり、次のことを意識してほしいのです。

①人は誰しも居心地のよい空間にいたいと思う。そのため、居心地のよいゴール（今の自分にとって、実現できそうだと感じられる目標）を無意識のうちに設定している。
②個・集団の学びや成長のためには、「高い目標」となる新しいゴール設定が必要となる。

③新しいゴールを設定すれば、「学習や成長が促される場」にいる状態になる。しかし、居心地は悪く感じる。
④新しいゴールを達成しようとしている「学習や成長が促される場」に対して、本人が「自分にとって心地よい空間になってきた」と思えるようにする。

キーワードは「自己評価」

では、どうやったら高い目標に挑戦している状態を、「居心地がよい」と感じられるようになるのでしょうか。

それには、本人がその高い目標にふさわしい自分に成長し、本人の「自己評価」が高まるほかありません。今、偏差値が50以下でも、偏差値60の学校に合格するという目標を立てたとします。高い目標へ挑戦している最初は、居心地は悪く感じるはずです。今の自分に分不相応な学校を目指していると思えるからです。

しかし、テストで少しずつ偏差値が上がってきたらどうでしょうか。また、授業中に活躍でき、教師から称賛されるようになり、周りの友達から、「こんなことを頑張れているから、君ならきっとできるよ」と励まされたらどうでしょうか。

「自分なら偏差値60の学校に行けて当然だ」と思えるようになります。つまり、努力の結果成長し、自己評価が高まったのです。そして、偏差値60の学校を目指している「今の状態」が心地よいと思えるようになります。つまり、本人にとっての「居心地のよい空間」が、新しく生まれたのです。これは単に、「これまでの居心地のよい空間」が広がったことだけを意味しません。むしろ、**新しいゴールに沿った「居心地のよい空間」が新しく生まれたことを意味する**のです。

ちなみに、ゴールの設定は、今現在の自分にとっては、達成できそうにない、途方もないものに設定してもかまいません。

水に顔をつけられない子が、水泳記録会の出場を目指してかまいませんし、勉強が苦手な子が100点をとると宣言してもかまいません。

また、これまで思いつきもしなかったゴールを描いてもかまいません。「外国語が苦手だけど、外国の文化を学ぶ活動に参加して地域に貢献したい」といったゴールを描くなどです。

前者のゴールは、どちらかと言えば、「これまでの居心地のよい空間」が**広がる**ことを意味します。今は水泳や勉強が苦手だけど、頑張ればできるはずだという、**現状の延長線上にある理想のゴール**だからです。

後者のゴールは、「居心地のよい空間」が**新しく生まれた**ことを意味します。これまで見えていなかったゴールに気付き、まったく新しい自分を描けるようになったからです。

実は、ゴールがどんなに難しく思えても、途方もないように感じても、スモールステップで少しずつ進んでいけば、無理なくゴールを達成できることが多々あります。また、自分が成長し自信が高まると、最初は「途方もない」と思っていたゴールが、「今の自分なら達成できるはずだ」と思えるようになります。つまり、ゴールを低くするのではなく、達成する方法を新しく考えたり、ゴールを達成して当然だと思えるよう自分が成長したりすればよいのです。

未来のゴールを描くと、「今あるべき自分」も決まります。泳げない子が、1年後に水泳記録会に出場するならば、現在15ｍぐらいは補助具なしで泳げないといけません。この「今あるべき自分」は、「今の自分より少し背伸びした自分」になっているはずです。

今の自分より少し背伸びした自分を、「これができて当たり前だ」「これが心地よい自分だ」と思えるように、励ますのです。そのため、高い目標への挑戦の際には、最初に子供に成功体験を味わわせ、自信をつけることをよく行います。そして、個々の自己評価が高まるように教師が声かけしていくのです。

「前回の水泳の授業で顔を水につけられるようになったね。先生はすばらしいと思いました」「ブクブクパーの呼吸がうまくできるようになっていて、成長できましたね」

周りの人からの言葉も大切です。

友達はよかれと思って、悪意なく「そんな高い目標なんて無理だよ」とか、「難しいからもう少し現実的な目標にしたほうがいいよ」などと言ってしまうものです。

そんなの無理だ、難しいと言われると、せっかく「少し背伸びした自分」が居心地のよい状態に思えていたのに、「やっぱり居心地がよくない」「本来の自分にふさわしいゴール（と自分で思い込んでいる低い目標）でいいか」と、居心地のよい元の状態に戻ろうとするのです。

これは絶対に避けなくてはなりません。だから、学級の子供たちも「君ならできる」と励ましてくれるような人でなければならないのです。

③ 自己評価が高まるシステムをつくる

子供の自己評価が高まるシステムをつくることも大切です。

1学期の目標、2学期の目標というように、定期的に目標（ゴール）の設定を行うことが多いはずです。この場合、目標に近づくために努力していることや、できるようになったことを、定期的に日記に書かせるようにします。日記を教師が確認し、努力や成長を称賛するようにします。これも一つの「自己評価が高まるシステム」です。

また、今週頑張ったことを班の人に報告して、それを班の人が肯定的に感想を言うというのも一つのシステムです。個人の面から見れば、努力が励まされ、背伸びした自分が居心地がよくなり、高い目標に挑戦することが当たり前に感じられるようになります。つまり、居心地のよい空間が新しく生まれたのです。

集団の面から見れば、「あの人が頑張っている。じゃあ自分も高い目標に向けてもっと頑張ろう」と思えるようになります。学級崩壊の中心人物と言われた子が、「今年は俺は頑張っているんだ、こんなことをチャレンジしているんだ」とみんなの前で発表したときには、全員がシーンとなって聞き入りました。本当に物音一つしない中で、子供たちは息を呑んで話を聞いたのです。そして、「去年まで荒れていた人も頑張っている。きっと自分も頑張れるはずだ」と、前向きなムードが一気に広がったのです。

高い目標への挑戦で、「居心地がよくない」と思える精神的に不安定なときこそ、「背伸びした自分が、当たり前の自分なんだ」と思えるよう**「肯定的な言葉かけ」**を入れるシステムを組んでいくのです。

「肯定的な言葉かけ」には、いろいろなやり方があります。

①努力の過程を称賛する（結果よりは、むしろ努力の過程を称賛する）。
②過去と比べて成長した点を称賛する。
③頑張っている姿に感謝する。
④お祝いをする（おめでとうの手紙を送る、頑張ったらお祝いパーティーをするなど）。
⑤なぜ成長できたのか、なぜ頑張れたのか尋ねる。

⑤はあまりやっていない人が多いと思います。

「どうしてこんなに成長できているの？」「どうして頑張れたの？」

これは、**「成功への責任追及」**というコミュニケーションの手法です。聞かれたほうは最初は戸惑いますが、話しているうちに、「ああそうか、自分はこんなに頑張れているのだな」と成長を実感できます。自分のことを客観的に振り返ること（メタ認知）もできます。一石二鳥の方法です。

例えば集団で高い目標に挑戦しているなら、何らかの活動後に、「活動でよかったところを話してください」と言います。このとき、「課題がうまくいったチームは、課題がうまくいったのはなぜだと思いますか」と尋ねることがあります。これも成長への責任追及の手法です。

実は、スパルタ的に厳しく注意したり、もっと頑張れと激励したりする指導にも、高い目標に挑戦させ続ける効果があるのは、活動中に必ず「肯定的な言葉かけ」や「きめ細かなフォロー」をしているからです。心理的安全性が生まれ、厳しい叱責にも耐えながら、頑張ることができるのです（※だからといって、スパルタ指導がよいわけではありません）。

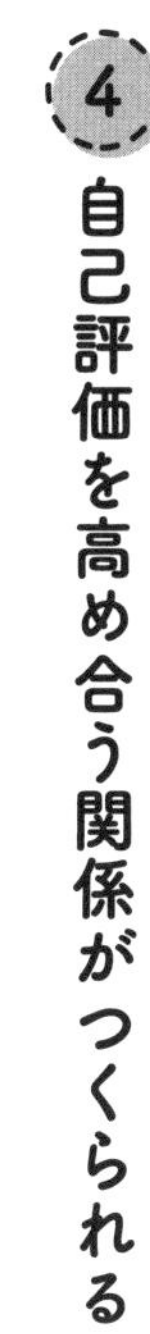

4 自己評価を高め合う関係がつくられる

子供の自己評価が高まっていくことで、次のように子供たちは成長していきます。

①自分のよさに気付くことができる。
②自分のよさを生かすようになる。
③他者のよさを認められ、認め合えるようになる。

自分のよさを認められるからこそ、他者のよさも素直に認められるようになるのです。自己評価が高まるから、他者を肯定的に評価できるようになったのです。互いのよさを認め合える関係ができてくると、自己評価を高め合えるようになります。こうして、互いの自己評価を高め合う集団が生まれるのです。

この状態になった集団では、問題点を話し合ったり、意見の違いを乗り越えてみんなのためのアイデアを考えたりと、他者と協調（コラボレーション）しやすくなります。

互いの目標を高め合う状態をつくる

個人は集団に影響を受けている

綱引きの際、集団でやると、他の人が頑張っているので、少し力を抜こうとする人が生じることはよく知られています。

フランスの農学者マキシミリアン・リンゲルマン（Maximilien Ringelmann）が発表した研究を基にした理論なので、「リンゲルマン効果」と呼ばれます。リンゲルマンは、ロープに力を入れて物を動かす牽引力を測定する実験で、「社会的な手抜き現象」が起きることを１９１３年に発表しました。

つまり、集団で協働作業を行う際に、集団が大きくなるほど、個人の課題遂行量が減少してしまうのです。身体的なパフォーマンスだけでなく、認知的なパフォーマンスも落ちる場合があります。これでは、集団やチームとして力を合わせる意味が低下してしまいます。

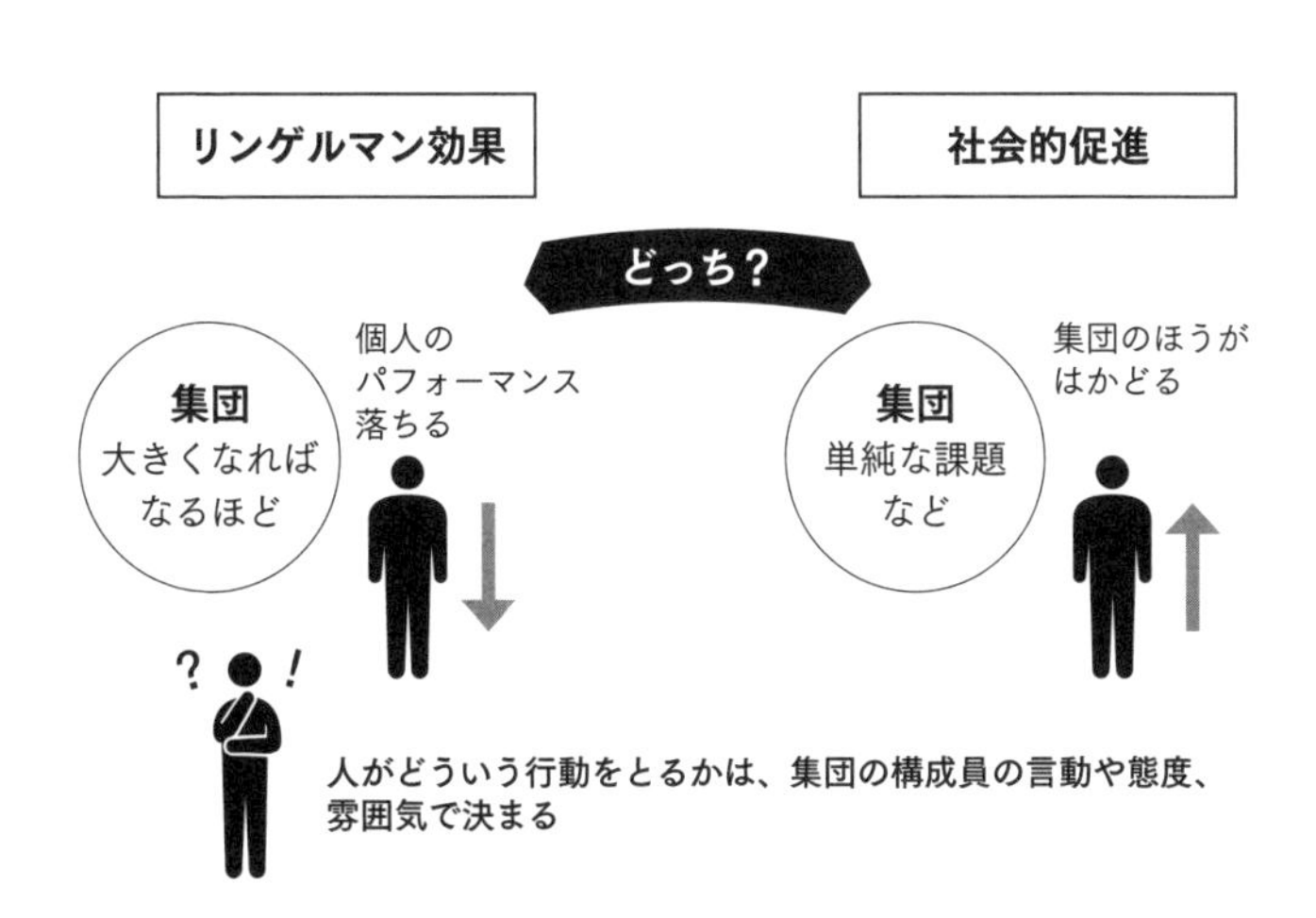

しかし、反対の結果が出ている研究もあります。「集団のほうが活動ははかどる」という結果です。これは社会的促進（Social facilitation）と呼ばれます。

例えば、アメリカの社会心理学者のロバート・ザイアンス（Robert Zajonc）の研究などで見られます。ザイアンス（１９６５）は、単純な課題やよく学習された課題を遂行する場合、誰かが見守ってくれたり、同じ作業をする人が一緒にいてくれたりすると、作業が促進されるとしました（ただし、慣れていない作業や難しい課題では遂行は抑制されるとしました）。

つまり、人は一人でいるときと、集団でいるときとでは、異なる態度や行動をとることがあるのです。どういう行動をとるかは、その集団の構成員の言動や態度、集団の雰囲気で決まってしまうのです。

「高い目標への挑戦」が生み出す波及効果

では、それぞれが高い目標に向かい、高いレベルの努力（楽しくて努力ですらない状態）をしている集団なら、個人にどのような影響があるでしょうか。

まずは、先に述べたように、「互いの自己評価を高め合う」効果を発揮するようになります。そして、もう一つよい効果があります。それは、仲間に触発され、自らも「高い目標に向かって挑戦するようになる」効果です。友達が高い目標に向かって挑戦しているのを見て、自分も頑張ろうと思えます。友達が高い目標を達成したのを見て、自分も達成できそうだと思えます。

その結果、これまでよりも高い目標を描き、挑戦するようになるのです。それを見た他の子も、高い目標を描くようになります。つまり、**互いの目標を高め合う状態になる**のです。

チームで高い目標を設定するのも、似たような効果を生みます。

例えば、「地方大会で1勝はしよう」というチームと、「全国大会に出場しよう」というチームでは、個々の意識や考え方が異なってくるのです。話し合う内容も、行動も、まったく変わってきます。

もしチームで高い目標を目指していれば、自然と、個々の目標も高くなります。各自がチームの高い目標を意識するようになります。そして、チームの目標を達成するために、個人として高い目標を考えるようになるからです。

こうなると、各自が、「チームの目標」や「個人の目標」を意識して、声かけしたり、努力したりするようになります。仲間が頑張っている姿を見て、「自分もさらに頑張ろう」と思えます。


このように、チームで高い目標を設定すると、個人も高い目標を設定するようになります。個人が高い目標を設定するようになると、それに触発され、他の子も高い目標を設定するようになります。チームの目標を達成したら、さらに次の高い目標を、チームや個人で設定するようになります。こうして、互いの目標を高め合うようになるというわけです。

これはつまり、次のような状態が学級につくられることを意味します。


互いの自己評価を高め合いながら、互いの目標を高め合っている状態。

一言で言えば、「切磋琢磨」する集団になったのです。
この状態が、学級経営では、最高の状態と言えるものです。

3 互いの自己評価と互いの目標を高め合う状態

例えばサッカーチームで、「プロを目指す」「ワールドカップに出場してゴールを決める」「海外のサッカークラブで活躍する」といった目標を普通に言い合えるチームがあるとします。だとすると、自分も高い目標に向かって挑戦している状態が当たり前になります。

「周りのみんなが高い目標に向かって挑戦している。自分だって頑張れるはずだ」と思えるからです。そして高い目標を公言しても、馬鹿にされません。いえ、馬鹿にされないどころか、「きっとあなたならできる！」と応援してくれます。

すると、自分の自己評価が高まります。「自分は、高い目標を実現して当然だ」と思えるようになります。自分の自己評価が高まれば、相手の目標や頑張りを素直に認められるようになり、応援できるようになります。

この状態までくれば、互いの自己評価を高め合い、かつ、互いの目標を高め合っている状態になります。これこそが、**最高のパフォーマンスを発揮できる状態であり、学級経営が目指すべき集団のゴールの姿**なのです。

なお、高い目標に挑戦するようになると、自分には無理かもという「能力的な不安」を抱える子が出てきます。この場合の対応方法は、拙著『できる教師の「対応力」』(東洋館出版社)に詳しく示しました。一言で言えば、未来志向の対応を教師は心がけるべきです。成長している事実に気付かせ、自己評価を高めていくのです。そして、未来に成長した子供の姿をイメージしながら、「あなたなら、きっとできる」と励ますのです。詳しくは拙著を参照してください。

能力的な不安以外にも、「高い目標を描いて挑戦すると、誰かに馬鹿にされるかも」という「対人関係の不安」も生じることがあります。

対人関係の不安を取り除く最良の方法は、周りもまた高い目標に挑戦しているという状態をつくることです。つまり、高い目標を目指すのが当たり前という雰囲気を、学級につくればよいのです。

進学に力を入れている学校では、志望校を高く設定するのが「当たり前」という雰囲気があります。学級の雰囲気は教師と子供たちで、つくりあげることができるものです。

ハイパフォーマンスを発揮させるための高い目標の共有

個人のゴールと集団のゴールとの関係

続いて個人のゴールと集団のゴールが、どう関係しているかを考えていきます。チームで考えた高い目標を目指し、個々が努力しているとします。このとき、滅私奉公で、チームの目標のために、自分のやりたいことを我慢しないといけないのでしょうか。

そんなことはありません。個々は、自分のやりたいこと、自分が実現したい高い目標に向かって、全力で取り組めばよいのです。なぜかと言えば、「個々の目標」と「チームの目標」は、相反するものではないからです。チームの目標（学級の目標や、何かのプロジェクトチームの目標）が、個人の目標を「包摂（含むこと）」していればよいのです。

サッカーがうまくなりたいという個人の目標は、地区大会で優勝して全国大会に出るというチームの目標の中に包摂されています。このように、個人のゴールと集団のゴールがつながりをもつとき、ハイパフォーマンスを発揮できる個人・集団が生まれるのです。個々は自分の目標を意識して努力します。と同時に、チームの高い目標に向かって力を合わせていけるのです。

チームでゴールを考えさせる場合もある

ゴールが明確になっているだけでは、必ずしも心理的安全性を確保していることになりません。例えば、チームで活動するとして、「チームのゴール」を個々はきちんと把握していても、それだけでチームでゴールを安心して目指せるかと言えば、必ずしもそうではないのです。

大切なのは、**「チームでゴールを共有している実感」**です。つまり、「チームの皆でゴールを目指すことの合意ができている実感」が必要なのです。その実感があってこそ、安心してゴールを目指すための言動が、躊躇なくできるようになるのです。

活動の前にゴールを教師が示すことがあります。ゴールを目指す意味や意義を語ることもあります。これも、「チームでゴールを共有している実感」をもたせるために行っているのです。

「ゴールを共有している実感」をもたせるために効果的なのは、ゴールそのものを、チームで考えさせることです。チームでゴールを考えさせるのには時間がかかります。ですが、様々な効果が期待できます。学級目標を決める際や、大きなイベントをする際など、要所要所で、ゴールを考えさせるようにします。

例えば、学年全体で「バスケットボールの大会をする」という活動をすることになったとします。そこで、学級というチームで高い目標を設定します。このとき、最初に教師が「こういうゴールを目指すとすばらしい」ということを語ります。理想の未来となるゴールを教師が語ることで、子供たちは、「こんなふうになりたいな」「こんな活動にしたいな」というイメージをもてます。

過去の活動の様子を、ビデオなどで見せてもよいでしょう。こういう頑張りを続けて、こういう成長をしたという事実をエピソードで語ってもよいでしょう。個々が「こんなゴールを目指したい」と思えるよう、教師が未来のビジョンを語るのです。

続いて個別に目指したいゴール（目標）を考えさせます。メンバーの一人一人がどういう活動にしたいのか、この活動でどんな成果を上げたいのか、どんな理想を目指すのかを考えさせるわけです。一人一人のゴールを教師が確認します。そして、学級全体のゴールを、一人一人のゴールが包摂されたゴールに設定すればよいのです。もちろん、一人一人のゴールは、バラバラです。

「積極的に声を出して、味方のコーチングをして試合を上手に進めたい」「シュートを積極的に打って得点王を目指したい」「守備を頑張ってチームに貢献したい、そのためにしっかりと走りたい」「別の学級の頑張りも応援して、しっかりと大会を盛り上げたい」などです。

これらの個々のゴールを含むよう全体のゴールを設定すると、「自分のよさを生かし、成長を感じられる大会にしよう」などとなります。このような抽象的なゴールでかまいません。個々のゴールを含もうとすると、どうしても具体から離れます。でもそれでよいのです。

ゴールをチームで考えさせる手順は、少人数のチームで活動するときでも同じです。一人一人のゴール（目標や実現したいこと、望ましい状態）を尋ね、一人一人のゴールを包摂するような、チームのゴールを設定すればよいのです。

「何を目指しますか」「どういう結果が出たら一番いいですか」。そういうことを一人一人で考えさせた後で、チーム全体でも考えさせます。つまり、チームのゴールをどうするのかの対話から始めるのです。そうすれば、全員で共通のゴールに向かっている実感がもてます。そして、チームのゴールに向かって、躊躇なく行動できるようになるのです。

チームのゴールを先に決めてから、個人のゴールを決める手順もあります。このときも、教師が「この活動を頑張ると、こんなすばらしい結果がある」ということを語ります。そして、チームで何らかのゴールを考えさせます。例えば、「学校祭りのイベントで、学級で出店することになった」なら、次のような学級のゴールになります。

- ・来てくれたお客さんが感動できる学校祭りにしよう。
- ・参加した低学年の子でも楽しめるような祭りにしよう。

そして、個別に「何をゴールにするのか」「何を頑張るのか」を考えさせるのです。このようにチームのゴールを先に決めてから、個別のゴールや、やり方を考えさせる手順もあります。

高い目標への挑戦では、ゴールを自分で考えて決めることが大切になります。これはチームでも同じで、ゴールを自分たちで設定することが大切になります。個人でもチームでも、自分で考えてゴールを決めることが大切なのです。「やらされている」と感じると、そもそものモチベーションが出ないばかりか、雰囲気も悪くなってしまいます。ゴールを何にするかをチームで話し合ったので、そのゴールに向かって躊躇なく行動できるのです。

しかも、話し合いの過程で、「何のためにやっているのか」という目的や「なぜこれが大切なのか」という意味を理解することができます。目的や意味を共有したので、チーム全体で前向きに取り組む雰囲気が出てきます。いわば、目指すべき**ゴールを共有し、そのゴールの目的と意味**を理解して行動しているので、「どこに向かっているのかわからない」「なぜそれをしているのかわからない」といった不安が解消されるのです。共通の目的や意味を理解しているからこそ、安心して活動できると思えるのです。**ゴールが明確になっているだけでは不十分で、そのゴールを集団で共有しているという実感が大切になる**のです。

教師が「何のためにやっているのか」(目的)、「なぜこれが大切なのか」(意味)を語ることも、もちろんあります。しかし、大切な活動だと思えるものは、そもそものゴールを考えさせるところから時間を確保すべきです。そして、高い目標(ゴール)に設定しているのは、成長につながるからです。高い目標を目指していると、100%達成できなくても、その過程で成果が出ます。

だからこそ、「わくわくするような理想となるゴール」をチームで和気藹々と話し合えばよいのです。そしてリーダーである教師は、頑張っている過程を称賛したり感謝したりと、先ほど示した「肯定的な言葉かけ」のやり方に沿って、フィードバックしていきます。またチーム内で、頑張ったことを認め合う時間などもとります。もちろん、きめ細かな助言や指導などのフォローも行います。こうして、ハイパフォーマンスを発揮する個人・集団が生まれるのです。

ハイパフォーマンスが発揮できる条件

High Performance

心理的安全性の確保は…

学級経営のゴール達成の「前提条件」

■学級経営の４つの状態

① 心理的安全性：高い 高い目標が「ある」	»	理想状態！
② 心理的安全性：高い 高い目標が「ない」	»	ぬるま湯で 成長のない状態
③ 心理的安全性：低い 高い目標が「ある」	»	不安が高じて 挑戦を続けられない 状態
④ 心理的安全性：低い 高い目標が「ない」	»	無気力、 学級崩壊の状態…

高い目標への挑戦には、緊張感や不安の高まりがついてくる。

だからこそ…

高い目標への挑戦と心理的安全性の確保がセットとなる必要がある！

自己評価が高まるシステムをつくる

Self Assessment

ハイパフォーマンスを発揮させるためにも高い目標を！

高い目標を設定すれば、「学習や成長が促される場」になる。
しかし、居心地は悪く感じる。

自己評価を高め、居心地をよくする

例 自己評価を高めるシステムをつくる
「肯定的な言葉かけ」を入れるシステムを組んでいく

①努力の過程を称賛する（結果よりは、むしろ努力の過程を称賛する）
②過去と比べて成長した点を称賛する
③頑張っている姿に感謝する
④お祝いをする（おめでとうの手紙を送る、頑張ったらお祝いパーティーをするなど）
⑤なぜ成長できたのか、なぜ頑張れたのか尋ねる

① 自分のよさに気付くことができる！

② 自分のよさを生かすようになる！

③ 他者のよさを認められ、認め合えるようになる！

子供たちは成長していく！

CHAPTER

5

心理的安全性を確保する教師の姿勢

リーダーとしての教師の役割

リーダーと心理的安全性との関係

心理的安全性の確保で重要な要素の一つが、リーダーの考え方や行動です。学級のリーダーは、教師です。大切なのは、**リーダーの考え方や行動によって心理的安全性を生み出せる**という点です。

「考え方や行動」のうち、これまでの章では、**「行動」**に関して多くを割いて述べました。例えば、活動前に行動規範を示し、よい雰囲気を集団に生み出す工夫がそれに当たります。

> 今回は難しい課題に挑戦してもらいます。難しい課題ですから、失敗してもかまいません。失敗しても諦めずに、みんなで助け合って、解決を続けてほしいのです。失敗しても、失敗から何か学べたらよいのです。だから、自分がやりたいと思ったことを試してみてください。

活動前に行動規範を示すことで、挑戦に対する不安や恐れを軽減できます。このように、リーダーの行動によって、集団に心理的安全性を生み出すことができます。

ここでもう一つ意識したいのは、リーダーの**「考え方」**の面です。考え方とは、「このようなリーダーシップが望ましい」という「価値観」や、「リーダーとしての振る舞い」などの「態度」を含むものです。「どういうリーダーでありたいのか」「リーダーとはどういうものだと思っているのか」、**教師が意識しているリーダーの形こそが、心理的安全性の確保に影響を与えているのです。**

例えば、リーダーが次のような「考え方」をもっているとします。

> 人は監視されていないとサボる。だからリーダーは、事細かに一人一人の進行状況をチェックしないといけない。

すると行動としては、「早く（速く）」と急かしたり、「ここができていません」と叱責して威圧したりするかもしれません。リーダーが意識している、していないにかかわらず、「考え方」から、「行動」が生まれてしまっているのです。

このようなリーダーのもとでは、チームのメンバーは焦りや不安、恐れを感じ、目の前の仕事だけに、近視眼的に取り組む状況になってしまいます。そして、自由な発想ができなくなり、問題があっても見て見ぬふりをし、より広く・深く学ぶ気持ちもなくなります。

つまり、心理的安全性を確保するやり方を学んでも、リーダーの「考え方」が間違っていると、心理的安全性を確保できなくなるのです。そのため、**私たち教師は、「心理的安全性を確保する」という教育技術・方法を学ぶだけでなく、リーダーとしてどうあればよいのかの「考え方」をも学ぶ必要があります。**

リーダーシップの影響力

エドモンドソンの研究（巻末参照：Edmondson, A. C.（１９９６）及び（２００３））では、職場は同じでも、チームによって心理的安全性の有無が異なることがわかっています。

その理由の一つは、チームのリーダーの態度や行動が違うからです。例えばチーム内で失敗が起きたり、率直に問題を指摘したりしたときのリーダーの反応が違えば、心理的安全性も異

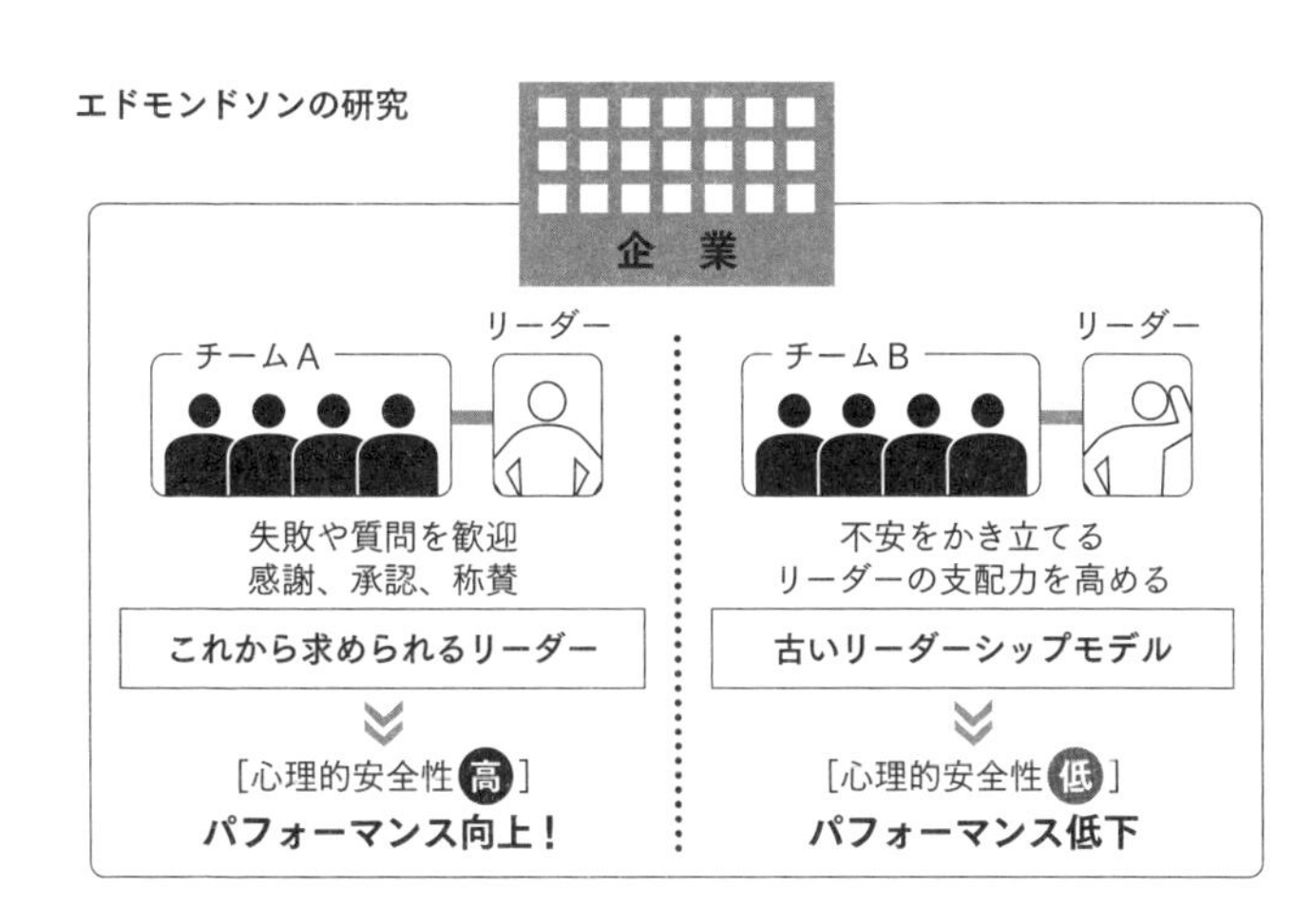

なるものになります。

心理的安全性を高めるリーダーは、チームの誰かが失敗を認めたり、懸念や問題を指摘したり、質問してきたりしても、それらを歓迎し、称賛や感謝をすることができます。そして、行為に対しての努力や価値を認めてくれるのです。リーダーの「考え方」から、態度も含めた何らかの「行動」が生まれます。その行動が、チームの心理的安全性に大きな影響を与えているのです。特に、**感謝**、**承認**（努力や価値を認めること）、**称賛**の三つの行動は重要です。これは、**言語報酬**などとも呼ばれ、強い影響を子供に（大人にも）与えます。

反対に、リーダーが、不安や恐怖によって相手を動かせるとか、自分の支配力を増大できると考えていると、どうでしょうか。そのリーダーの下にいる人にとっては、心理的安全性はなくなり、パフォーマンスが落ちてしまいます。教員集団でも、よくこんなリーダーシップは見られるのです。初任者指導でよく起きる出来事があります。初任者には、ベテラン教師が一人つきます。そして1年間にわたって、授業や学級経営などの助言をしていきます。

この初任者教員の指導者には、当たり外れがあるとよく言われます。なぜ、当たり外れがあるのでしょうか。それは、リーダーシップのやり方が、人にとってまったく異なるからです。

ある初任者指導教員は、「早く（速く）やりなさい」「文書で報告をしなさい」と逐一細かく初任者に要求しました。言われた初任者は、いつも仕事に追われ、余裕がなくなり、自由な発想も自分なりの工夫もできなくなりました。目の前の仕事を早く（速く）正確に行い、文書を作成して報告することに、過度に集中するようになったからです。

この反対のパターンもありました。「失敗してもいいよ。1年目だから。私がフォローするから」「自分らしさを出して教育をやったらいいよ。間違っていたり困ったりしたら私が教えるから」。こういうリーダーもいました。このリーダーと過ごした初任者は、創造的な発想をしながら、充実した1年を過ごしたということです。

「高いプレッシャーを与えると、高いパフォーマンスを発揮できる」と考える指導者もいます。スポーツの指導者で、このような考え方をもっている人は少なくありません。選手はプレッシャーに押しつぶされ、低いパフォーマンスになってしまいます。指導者は善意で、もしくは勘違いで威圧的なリーダーシップを使っているのです。人は緊急事態に自分が置かれると、創造的に考える力が下がってしまいます。これでは本来もっている力が出し切れず、パフォーマンスを発揮できません。

不安をかき立てることでリーダーの支配力を高め、個人やチームの生産性を高めようとする「古いリーダーシップモデル」では、心理的安全性はなくなっていき、個としてもチームとしても、パフォーマンスは下がってしまいます。プレッシャーによって、一時的に成果が上がることがあっても、長期的に見れば、パフォーマンスは下がるのです。それどころか、子供に無理が出てきて、やる気がなくなったり、燃え尽きたりする弊害もあります。

意識してほしいリーダーシップ

リーダーの「考え方」でチームの雰囲気が決まる

普通は、どの子でも（大人でも）、次のことには、躊躇を覚えるはずです。

- **自分の失敗を認めること。**
- **相手の間違いを指摘すること。**
- **失敗に焦点を当てて話し合うこと。**
- **知らないことを認め、尋ねること。**
- **助けを求めること。**

しかし、リーダーが普段から、自身の失敗を認める人だったらどうでしょうか。また、「自分一人だと限界があるのでみんなの力が必要だ」と伝えていたらどうでしょうか。学級には、心理的安全性が生まれるはずです。そして、学級の子供たちは、自分の失敗を認めたり、助けを求めたりすることに対しての不安や恐れが軽減されます。

さらに、リーダーが、失敗を認めた人をきちんと評価しているとどうでしょうか。失敗を認めた人に対し、チームでの成果に役立ったことを伝え、その行動の価値を全体に語ってくれるのです。個別にその人を認めるだけでなく、チーム全体にその価値を伝えるのです。

そうすれば、学級の中に、「失敗を認めても大丈夫」「失敗を率直に認め、改善して成果を出そう」という雰囲気が生まれます。

すると、少なくともこのチーム（学級）では、自分は知らないことは知らないと言えるし、質問できるし、失敗も認められると思えます。こうして、心理的安全性が生み出されるのです。

このように、リーダーの「考え方」から生まれる「行動」によって、心理的安全性の有無が決まります。リーダーシップには、様々な考え方があります。その中でも、特に心理的安全性の確保につながるリーダーシップを以下に紹介していきます。

2 サーバント・リーダーシップ

支配型のリーダーシップと真逆のリーダーシップが、サーバント・リーダーシップです。サーバント・リーダーシップとは、「まず相手に奉仕し、その後、相手を導いていく」というリーダーシップです。集団の一人一人の行動を、効果的、快適に遂行できるよう援助することを大切にします。一言で言えば、「腰の低いリーダーシップ」といってもよいでしょう。ただし、子供の言うことを何でも受け入れるとか、言いなりになる、迎合するものではありません。一人一人を尊重しながら、各自が目標に向かって行動できるよう奉仕するという意味のリーダーシップなのです。

このリーダーシップの考え方は、「相手のやる気が高まり、積極的に行動できるようになってからでないと、リーダーが相手を導くことはできない」という考え方に基づくものです。

サーバント・リーダーシップの提唱者はアメリカの教育コンサルタントのロバート・K・グリーンリーフ（Robert K. Greenleaf）です。「サーバント・リーダーシップ」という言葉を生み出し、1969年に執筆した著書で、奉仕（servant）こそがリーダーシップの本質であることを説きました（ロバート・K・グリーンリーフ［著］、金井壽宏［監訳］、金井真弓［訳］

（2008年）『サーバントリーダーシップ』第1章、英治出版）。

相手を尊重していたら自然と腰が低くなります。子供が相手でも同じです。子供を尊重していたら、自然と腰が低くなります。そして、相手を尊重しながら対応するはずです。

例えば、チームで作業をしているとして、あまりチームが機能せず、このままでは成果が出ないとします。このとき、「さぼったらだめだ」とか、「やる気がないなら、止めてしまいなさい」と頭ごなしに言うのは、威圧的で支配型のリーダーシップです。

その反対がサーバント・リーダーシップなのです。例えば、次のように声かけを行います。

- 何か困ったことはありますか。
- 助けてほしいこと、教えてほしいことはありませんか。
- ここはうまくいっているよね。ここはこのままいくと失敗しそうだけど、みんな何かよいアイデアはありませんか。

教師の世界では、「子供に接するときに、尊敬する先輩に対するようにする」とよく言われ

■サーバント・リーダーシップ

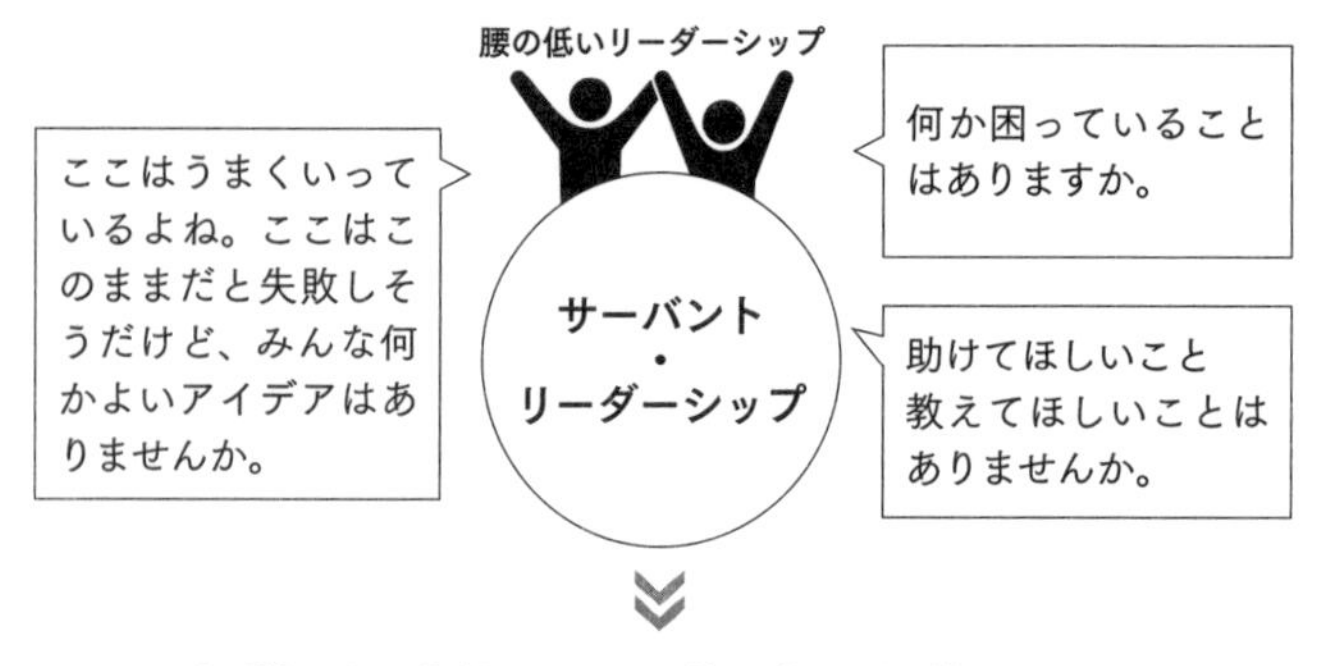

まず相手に奉仕し、その後、相手を導いていく

集団の一人一人の行動を、効果的、快適に遂行できるよう
援助することを大切にする

ます。そうすれば、自然と相手を尊重しながら言葉かけができるようになります。

「不遜で相手を見下しているリーダー」に、ついていきたいと思える人はいません。自分のこととして置き換えたら簡単にわかります。上司が自分を見下していて、威圧的な態度で接してくれば、上司を尊敬するどころか、信頼も信用すらもなくなり、上司が何を言ってもネガティブに受け止めるようになります。不遜な上司が、よかれと思って部下に様々な支援を行っても、部下はネガティブな解釈で、上司が自分を陥れようとしていると悪い方にとらえてしまうのです。これは職場でよく起きることです。

反対に、上司が部下を尊重していると、部下も上司を尊重します。このように、鏡の関係になっているのです。

3 セキュアベース・リーダーシップ

セキュアベース・リーダーシップという考え方も、心理的安全性の確保に寄与するものです。セキュアベースとは、**「心の安全基地」**という意味です。リーダーがチームの安全基地のような存在となることで、メンバーの果敢な挑戦を促すというリーダーシップです。

これは、イギリスの心理学者ジョン・ボウルビィ（John Bowlby）によって提唱された、養育行動の概念を用いたリーダーシップです。親（保護者）が子供にとって安心できる心の安全基地であるからこそ、子供は外の世界に興味をもち、安心して外へ出ていけ、成長できるとボウルビィは考えました。この「心の安全基地」という概念の源流はボウルビィですが、その後、心理学者のメアリー・エインスワース（Mary Ainsworth）が、この概念を「安全基地（Secure Base）」という用語として表現し、さらに研究を深めて、世の中に広まりました。

この「セキュアベース」を大切にしたリーダーシップ論も、重視されるようになっています。教師という存在が、子供にとって心の安全基地のように機能することも、心理的安全性の確保には大切なのです。

■セキュアベース・リーダーシップ

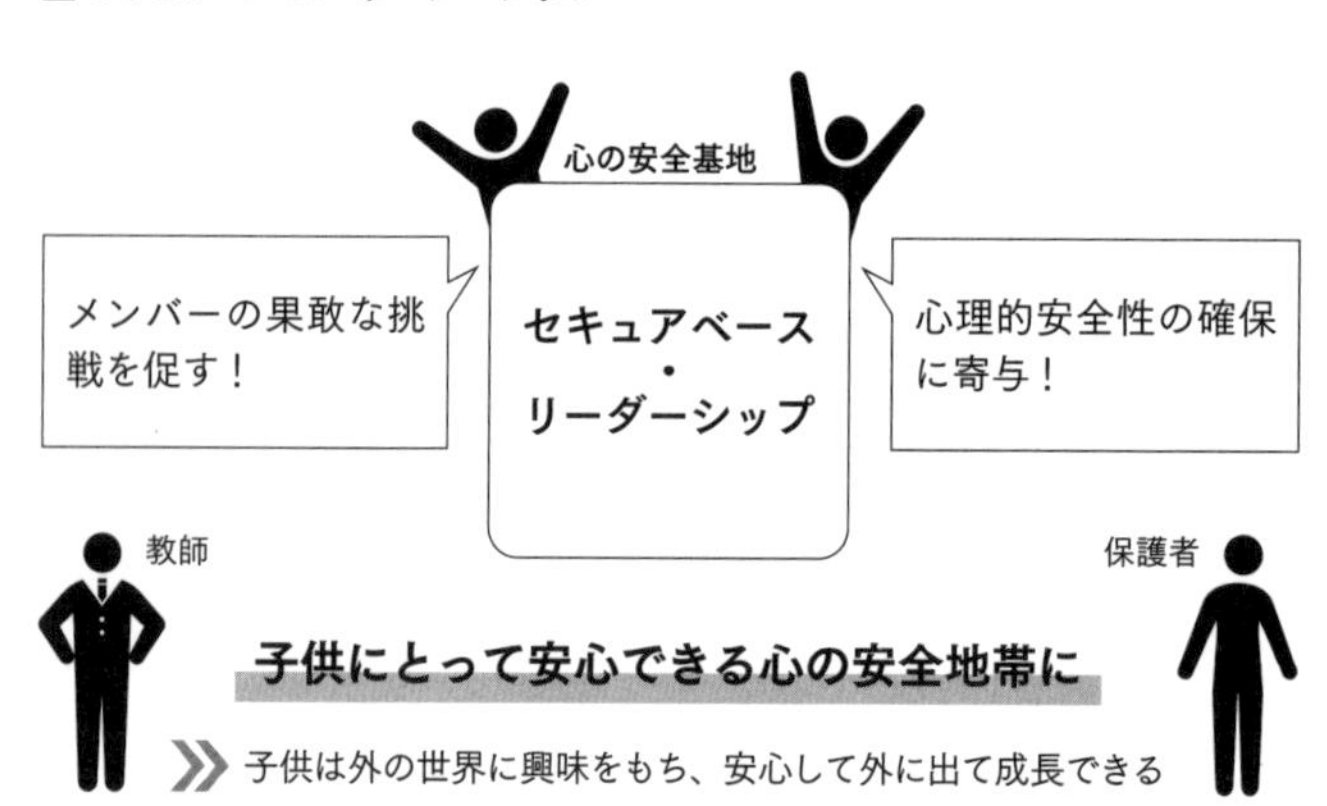

心理的安全性が高まってくると、意見を活発に言い合うようになります。反論や建設的な批判も次々出てきます。

すると、子供同士の意見の相違もよく起きるようになります。徐々に意見の交換が熱を帯び、喧嘩の様相を呈することもあります。子供ですから（大人でも）、意見の対立がヒートアップすると、不和が生じてチームが機能しないこともあります。そんなときは教師が仲裁に入ります。

このとき、「何があったの？」と話をしっかりと聞きます。そして、一人一人の思いや願いを聞き取ります。どういう意見の違いが生まれたのか、しっかり話を聴くようにするのです。

「どちらもすばらしい意見に違いない。ただ意見の違いがはっきりしているだけなのだ」と思って、話を聴きます。誰かが話を聴いてくれると、わだかまりがとれてくるものです。

そして、各自の言い分を整理し、互いの**善意**を確認します。

- Aさんは、みんなのためを思ってこういう意見を出したんだね。
- Bさんは、Aさんの意見を全部否定したというよりも、こういう別の角度の考え方もあることを言いたかったんだね。
- どちらもよい意見を出しているので、この調子で話し合ってください。何も間違っていませんよ。

子供の善意に焦点を当て、励まします。そして、「困ったらまたいつでも相談に来てください」と話し合いを続けるよう促します。

このように、困ったときに安全な場所として教師が機能していると、また次も活動を頑張ってみよう、率直に意見を言い合おうと思えるのです。

リーダーシップを使い分ける

① リーダーシップのあるべき形

心理的安全性を確保する際、特に意識してほしいリーダーシップを二つ紹介しました。ただし、状況によっては、他のリーダーシップの活用が望ましい場合があります。

リーダーシップの種類は数多くあります（拙著（２０１６年）『教師のリーダーシップ入門』（金子書房）では、「教師のリーダーシップ」の様々な類型を示しています）。例えば、前面に出て集団を引っ張る形のリーダーシップもあります。積極的に子供の前に立ち、的確な指示を出し、やる気を引き出しながら導くリーダーシップです。

また、コーチング主体のリーダーシップもあります。子供のやりたいことやアイデアを質問によって引き出し、陰ながら子供を支えるリーダーシップです。

三隅二不二によって提唱されたＰＭ型のリーダーシップもあります。この理論では、Ｐの要素（P:performance function　目標設定、計画立案などをメンバーに指示して、目標達成を重視するリーダーシップ）と、Mの要素（M:maintenance function　メンバー同士の人間関係を良好にして、集団のまとまりを重視するリーダーシップ）が、両方備わったリーダーシップが望ましいとされました。

サーバント・リーダーシップとよく似たものに、ハンブル（謙虚な）・リーダーシップというものもあります。謙虚なリーダーが、フォロワーとの間に、助け合う関係や、信頼し合う関係をつくっていくリーダーシップです。

オーセンティック（本物志向）・リーダーシップという考え方もあります。リーダーが倫理観に沿いながら、自分の考えや価値観を大切にして集団を導くリーダーシップです。発言と行動を一致させ、自分らしくあろうとする誠実さを大切にします。自分らしくあることで、集団に影響を与えていくわけです。

このような様々なリーダーシップが、場面によって必要となる場合があります。先に述べたように、心理的安全性を確保するには、サーバント・リーダーシップとセキュアベース・リーダーシップが有効です。

しかし例えば、「だめなことはだめ」ときっぱりと示さなくてはならない場面もあります。その場面では、積極的に導く形のリーダーシップが必要になります。リーダーが「ここは譲れないというルールを示す」ことで、集団に心理的安全性が生まれます。

他にも、活動の際、決まりきった手順を教えるときには、前面に出て適切な指示を出せるリーダーシップが求められます。行事の準備や片付けなど、大量の物を運ぶので、的確な指示を出してくれたほうが子供も動きやすいのです。つまり、心理的安全性が高まるのです。

このように、場面や状況によってリーダーシップを使い分ける柔軟性をもつことが大切です。

②リーダーシップを状況に応じて使い分ける

進んで学習でき、自分の学力に自信のある子がいるとします。学校生活も前向きに過ごせており、主体的な姿勢が見られます。その子に接するときは激励し、「こんな高い目標を目指そう」と発破をかけるリーダーシップでも、何の問題もありません。心理的安全性を脅かすことはありませんし、むしろ子供のやる気を引き出せるかもしれません。

しかし、意欲や主体性が下がっている子ならどうでしょうか。目標を自分で決められず、自分から進んで動くことに自信がない子です。その場合は、コーチングで子供の思いや願いを引き出し、陰ながら支えるリーダーシップのほうが効果的かもしれません。叱咤激励するとプレッシャーとなって、心理的安全性を脅かすかもしれないからです。

また、学習や友達関係で自信を失っている子なら、サーバント・リーダーシップで、話をよく聴き、子供の話に共感的理解を示すことから始めたほうがよいかもしれません。そして、その子の傷付いた気持ちを癒す言葉をかけ、助言したり手伝ったりして、子供の自信が高まるまでサポートを続ける必要があります。まだ成果には至らなくても、頑張っているところや、少しでも成長したところ（これは身近にいる指導者だけが気付けることです）を認めたり、感謝したりするのです。自信が出てきたら、こんな目標に向けて、こう頑張っていけばよいと、導いていきます。

このように、**リーダーシップを使い分ける**ことで、それぞれの子供の心理的安全性を損なうことなく、適切な対応ができるのです。

3 叱ってはいけない？

心理的安全性の確保のために、「叱ってはいけない」というのは、よくある誤解です。教師は、子供の成長を願っていますから、求める水準は高くてよいのです。ルール違反をしているのに、許してしまってはいけません（高度な技で「お目こぼし」をすることはあります）。「ルール違反をすると、叱られますよ、ペナルティが科されますよ」と言っておけばよいのです。そしてルール違反をしたら、叱ったりペナルティを与えたりしてもよいわけです。

そもそもですが、叱る行為も、称賛する行為も、全てが教育行為です。その**教育行為が、どのような効果を子供に及ぼしたかが問題なのであって、心理的安全性とは区別すべき**です。つまり、ほめたら心理的安全性が高まり、叱ったら下がるというような、「機械的な因果関係」を想定しなくてもよいのです。

「さぼっている子、ルール違反をしている子、そんな子も叱ってはいけないのですか？」という質問もよくもらいます。答えは、「相手による」です。

叱咤激励したほうが、心理的安全性を脅かすことなく、その子に対して教育効果があったのなら、その対応でよいのです。結果で対応の善し悪しを判断したらよいのです。叱咤激励したら、心理的安全性が脅かされ、教育効果もなかったのなら、よくない対応をしたことになります。その場合は、話を聴いてあげたり、もう一度ゴールの意義について語ったりしたほうが効果を発揮するかもしれません。

ではもしも、叱ることで、心理的安全性が低くなり、教育効果もマイナスのものが生まれたらどうしたらよいのでしょうか。例えば、ぬるま湯に浸かろうとしてさぼったり、周りの子のやる気をそぐ言動を繰り返したりしているとします。これは叱ったりペナルティを与えたりしてもよい場面です。

叱られてやる気がなくなり、一時的に心理的安全性が低くなったとします。この場合は、ここから心理的安全性の確保に向かわねばなりません。**叱ったりペナルティを与えたりした後に、**こうすればもっと高いゴールにいけるとか、こんな工夫をすると、より協力できてすばらしい成果が出ることを助言します。また、親身に相談にのってあげます。

すると、高いゴールを目指すという基準は下げずに、心理的安全性を高めることができるのです。そして、その子のやる気も徐々に高まっていきます。

一時的にやる気や心理的安全性がなくなったとしても、その後の教師のフォローによって、やる気や心理的安全性が高まるわけです。長期的に見ると、**「ゴールの基準を下げずに、やる気や心理的安全性を高めることができた」**ということになります。

このような長期的な視野も教師はもっておかないといけないのです。

子供に合わせよう

ここで言いたいのは、「この子にとってよいリーダーの形とは何か？」を考えると、心理的安全性の確保につながっていくという点です。

担任した子の中に、毎年荒れていた子がいました。その荒れ方が普通ではなく、教室の物を壊してまわったり、友達や教師に暴力を振るったりと、年々エスカレートしていたのです。

私が受けもったとき、あることを行いました。それは、教師である私が、「立派な大人として振る舞い」「熱っぽく生き方を語り」「望ましい行動をしていたら称賛する」ことです。イメージで言えば、「真面目で、ある意味堅苦しい、一本気な教師」であろうとしたのです。昔ながらの教師像とでも言える姿勢で、毎日過ごしたのです。

それには**理由**がありました。その子がある日言ったのです。「先生って真面目だよね。熱く語るよね。そんなとき自分はすごく落ち着いて過ごせるようになる」と。私は時に冗談を言ったり、子供と一緒にはしゃいだりすることも行っていました。しかし、このような「昔ながらの教師像」から外れる行動をとると、とたんにその子は精神的に不安定になり、荒れ始めるのです。そこで私は、その子の前では、そのような行動を止め、昔気質の教師像を意識するようになったのです。

結果として、その子は、去年までの荒れが嘘のように落ち着き、友達とよく協力できるようになりました。授業も授業外の活動も頑張るようになりました。そして高い目標にも挑戦できるようになったのです。

これは、リーダーシップの形がその子に合っていた事例です。その子にとっては、私が真面目に振る舞うことで、心理的安全性を感じていたのです。

私たち教師は、その子の心理的安全性を確保するために、「子供の性質や状況に合わせたリーダーシップを探ろう」と思っていないといけないのです。

エンパワーメント

エンパワーメントの意味

エンパワーメントとは、「権限の委譲」を意味する言葉です。企業などにおいて、従業員の能力や自立心を育てるため、権限を与えて任せることを意味します。

これは学級経営でも大切な概念です。つまり、子供の能力や自立心を育てるため、「自分のやり方でよいので、自由にやってみましょう」と、子供に「任せる」場面をつくりたいのです。

子供に任せるには、管理的な姿勢ではなく、「よきに計らえ」と大らかに構える姿勢が必要になります。

責任感のあるリーダーほど、フォロワーに干渉してしまいがちです。リーダー自身の考えを押し付けたり、管理しようとして逐一指示を出したりしてしまうのです。そうではなく、チームのメンバーに思い切って任せることが大切になります。そうすれば、子供たちは、個人でも、チームでも、「自分（たち）で何とか頑張ろう」と主体性を発揮してくれるようになります。

２００９年にGoogleでは、チームのパフォーマンスを上げる条件を明らかにするため、マネジャーの役割や仕事に関して１万人規模の社内調査を行いました。この調査は、「プロジェクト・オキシジェン（Project Oxygen）」と呼ばれ、「マネジャーの言動」がチームのパフォーマンスに大きな影響を与えることがわかりました。成果を上げているチームでは、マネジャーは、「マイクロマネジメント（チームのメンバーに対する過度な監督や干渉）はしない」という特徴をもっていたのです。

エンパワーメントの例

なぜエンパワーメントが必要かと言えば、よりよい学級をつくることは、「教師一人の力」だけではできないからです。リーダーである教師一人が、全てをやろうとしても、自ずと限界があります。

例えば、学級をよりよくする活動を、教師が提案することはよくあります。お楽しみ会を提案したり、学級生活を充実させるための取組を提案したりするわけです。学級生活を充実させるための取組では、例えば、「学級の出来事を新聞にまとめて、学級通信として発行してみませんか」「将棋や囲碁、百人一首、けん玉などを練習して大会をしてみませんか」などと提案するのです。

ただし、毎回教師が提案して、活動のやり方を指示して行うだけでは、教師の考え方に沿った取組だけに偏ってきます。教師はリーダーとは言え、気付かないこともありますし、見えていないものもあります。リーダーは完璧ではないのです。

そこで、エンパワーメントの出番です。「もっとこういう取組をしたい」とか、「学級にここが足りない」と何かに気付いたら、子供が提案できるようにします。そして、子供たちで活動を始められるようにすればよいのです。

「よりよい学級をつくる」というゴールは、教師も子供たちも共有しておきます。そのゴールを達成するための活動を、子供も提案できるようにするのです。そして、子供が活動を提案したら、内容を確認します。そして、よい内容であれば、思い切って任せてみるのです。

例えば、「みんなで仲よくなるために、ランダムに5人チームをつくって、休み時間に遊ぶ」というアイデアが出たら、企画書をつくらせ、1ヶ月ほどやってみるよう言います。アイデアを出した子供たちは、あれこれと、計画し実行してくれます。

教師は、「いつでも助けますし、助言しますよ」と言っておきます。困ったら教師のところに来るようにしておき、あとは見守っておくのです。

そして1ヶ月やってみて、みんなにどうだったか感想を言ってもらいます。活動をやってみて、よかったところを中心に発表してもらいます。改善点があったら出してもらいます。新しいアイデアを出して挑戦してくれたことに、教師は感謝しないといけません。

こうして、子供たちがアイデアを出し、学級をよりよくするための動きが生まれてきます。

つまり、子供が学級経営に参画するようになるのです。

エンパワーメントの効果

エンパワーメントを取り入れると、どういう効果があるのでしょうか。

まず、子供たちは「学級がよくなるかは先生だけの行動ではなく、自分たちの行動でも決まる」と理解できます。学級をつくっているのは自分たちだという当事者意識が生まれるのです。

また、教師が自分たちを信頼して任せてくれたと実感できます。リーダーが自分たちを信頼してくれる状態は、「自分たちでやっていいんだ」という心理的安全性の高まりにつながります。

さらに、チームで頑張ることができたという事実が、チームで活動することの自信や安心感につながります。みんなで力を合わせて協力や協調(コラボレーション)できたという事実が、次もまたチームで協力・協調できるという心理的安全性につながるのです。

最初の段階では、失敗しても後から立て直せる活動で、思い切って任せていきます。

そして徐々に、難しい仕事も信頼して任せていきます。

例えば、保護者を呼んで学年全体で楽しいイベントをすることになったとします。学級のメンバーだけで行うお楽しみ会よりも失敗のリスクは高まります。保護者に迷惑がかかるかもしれませんし、他の学級にも迷惑がかかるかもしれません。しかし、ここまでなら失敗しても取り返せる地点までは、信頼して子供に任せます。どんなイベントをするのか、どう司会して、どう運営していくのかを考えさせていきます。

そして子供が失敗して身動きができなくなったり、途方に暮れていたりしたら、教師の出番です。困っている子供を助け、イベントが成功するよう導いていきます。

子供が助けを求めるまでは、いつでも助けてあげるという姿勢で待つことが大切になります。「よきに計らえ」と思い切って任せ、「いつでも助ける」という姿勢を教師が見せていれば、子供たちは自分たちで頑張ってみる気持ちになるのです。

そして、子供たちが自分なりにアイデアを出してやろうとしたら、その行動やアイデアを歓迎しないといけません。失敗に寛容になり、挑戦したこと自体を認めなければなりません。頑張っている子には感謝の気持ちを示します。

こうして、「自分たちで何とかしないと」と思え、徐々に心理的安全性も高まっていき、チームのパフォーマンスが発揮されるというわけです。

もちろん、最初に活動の方針や目的、ゴールなどは教師が確認することがあります。活動の方針や目的は教師が語ります。そして、子供一人一人にゴールを考えさせます。そして子供たちの思いや教師の思いを包摂するような、集団のゴールを決めるのです。ゴールが決まったら、あとは、失敗に寛容になり、大らかに任せていけばよいのです。

責任感のある教師ほど、過度に監督・干渉したがるものです。しかし、このようなマイクロマネジメントが、やる気をそぐばかりか、心理的安全性さえも奪っている場合があるのです。子供に任せられるところは、信頼して任せたらよいのです。

リーダー自身の意識改革

アイデンティティの問題

　リーダーである教師が、「自分は優れた学級経営ができる教師だ」と思っているとします。教師の自己評価が高いことは、悪いことではありません。問題は、「自分へのイメージ」が、「間違った現実」と結び付いてしまうことがある点です。

　例えば、「優れた学級経営ができる自分」（自分へのイメージ）が、「何も問題の起きない学級をつくっている自分」（間違った現実）と結び付いているとします。「何も問題の起きない学級」は、普通はあり得ません。子供が失敗することもありますし、子供同士のトラブルが発生することもあるでしょう。担任が間違うこともありますし、担任に見えていない問題点もあるはずです。

　しかし教師は、「優れた学級経営ができる自分」と「何も問題の起きない学級」とを結び付けて考えてしまっています。本当はそんな学級はあり得ないにもかかわらず、自分のアイデンティティだと思っているのです。

アイデンティティを失うことは、誰にとっても脅威です。自分を失うこと、自分らしさが損なわれることは、自己評価が高い人ほど、自負が傷付けられるからです。

そこで、「問題が起きても、見て見ぬふり」をするようになります。「大した問題は起きていない」「問題など起きるはずがない」などと、現実を直視しなくなるのです。

こうして、子供が失敗して困っていたり、子供同士のトラブルが起きたりする現実を認められなくなるのです。トラブルが起きても、子供や学級の成長につなげる機会にしようとは思えなくなります。トラブルを無視したり、子供の相談を過小評価したりして、その場しのぎの対応で終わってしまうのです。

これは医師に置き換えるとよくわかります。「自分は優れた外科医で、手術ミスをしない神の手をもった人間だ」という自負をもっている人がいたとします。

何度も言いますが、自負をもつこと、自己評価を高く保つことは悪いことではありません。しかし、「神の手をもっている自分」と、「医療ミスは決して起きることはなく、看護師からの間違いの指摘は生じない」という「現実」とが結び付いたらどうでしょうか。

手術中にミスがあり、看護師が気付いて助言しても、認めようとせず、あまつさえ指摘した看護師を叱責することだって起きてしまいます（実際、心理的安全性のない医療現場では、こうして医療ミスが起きていることが広く知られるようになりました）。叱責された看護師は、次からは声を挙げなくなることでしょう。

このように、リーダーのアイデンティティと、間違った現実が結び付いたとき、心理的安全性が低くなってしまうことがあるのです。

2 アイデンティティがどんな現実と結び付いているか

リーダーである教師が、どういうアイデンティティを自分でもっていて、そのアイデンティティが、どんな「現実（アイデンティティとイコールでつながっていると自分が思う現実）」と結び付いているかを考える必要があります。

心理的安全性を阻害する現実と結び付けないようにしないといけないのです。例えば、心理的安全性を確保できる教師は、次ページの右段のような現実とつながっていることでしょう。

心理的安全性を確保できる教師は…

 あり得ない現実	 あり得る現実
優れた担任の学級では、トラブルが起きることはない。	**学級にトラブルが起きるのは普通。子供が失敗するのも普通。そのトラブルや失敗を子供の成長の場にできる教師こそ、優れた教師だ。**
優れた教師である自分は間違いやミスを起こすことはない。	**教師である自分は、力を尽くしていても、間違いをすることはある。子供の事実を見て、謙虚に自分の間違いを正していこう。子供の事実から謙虚に学び続ける教師でありたい。**
子供は全員能力が同じで、苦手なことなどない。優れた教師の自分は、全員を同じように伸ばすことができる。	**子供は一人一人違っており、苦手なこともそれぞれあり、相互依存が普通の状態だ。協働の場を用意し、互いに助け合う環境をつくって、各自がそれぞれの成長を遂げられるようにしていこう。その子にあった成長を保障できる教師こそ、力のある教師だ。**

はじめに意識変革ありき

リーダーのアイデンティティと間違った現実を結び付けない！

教師の意識が変わると、子供に語る言葉も変わります。

「相手の意見や考えを取り入れ、広い視野を手に入れるために話し合おう」などと、教師が心から思っていることを話せるようになります。教師の語りがあると、子供たちの考え方や、集団の雰囲気がよりよいものに変化していきます。

通常、「話し合いなさい」と指示すると、子供たちはまったく別のことを意識することが多いのです。例えば、「相手に言い負かされないようにしよう」「相手よりもいいことを言おう」「相手を怒らせないようにしよう」などです。別の意識が自然と浮かんでしまうのです。

これは、人間がそういう認知の仕方をもっているから仕方ない面もあります。人間は進化の過程で、優先的にリスクを考え、リスクを避けるよう認知し、行動するようになったからです。

だからこそ、子供の考え方や、集団の雰囲気を変えるには、教師が語る必要があります。教師が語るためには、教師自身の意識改革を行うのが先になります。

心理的安全性の確保のためには、はじめにリーダーの意識変革ありき、なのです。

小さな声に耳を傾ける

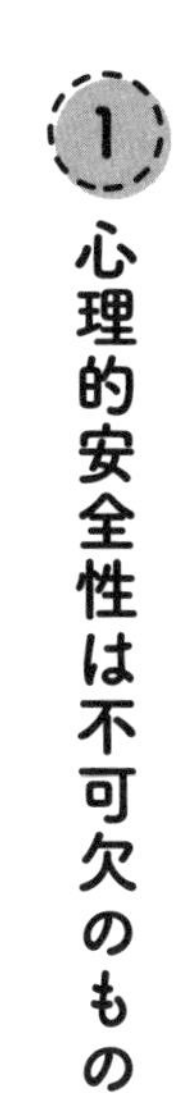

① 心理的安全性は不可欠のもの

心理的安全性は、できたら確保するというものではありません。**「必要不可欠なもの」**として認識しなくてはいけません。学級全体というチーム、4人程度のグループで活動するチーム、様々なチームで心理的安全性を確保する必要があります。心理的安全性がないと、ハイパフォーマンスを発揮できないだけでなく、「危険」ですらあるからです。

例えば、体育や部活動などで、「水を飲みたい」「休みたい」と子供が思っても、教師やコーチが威圧的であれば、子供たちは口に出せません。「もし口に出すと、やる気がないとか、さぼろうとしていると思われてしまう」と、危惧するからです。そして、熱中症になったり、無理をして怪我をしたりするのです。自分の身体や生命に関わることですら、「怒られる」「評価が低くなる」ことを気にして、沈黙してしまうのです。これは多くの研究結果でわかっている人間の性質です。

骨折をするほどの怪我をしたのに、そのまま運動を続けたとか、頭を打ち痛みがあったのに病院に行かなかったなどで、大事故にまで発展している例は少なくありません。

心理的安全性を確保できていない学校（学級）は、危険ですらあるのです。

2 まずは話しかけやすい雰囲気をつくること

「自分は何でもできる、何でも知っている」という態度のリーダーに対して、助言したり、問題を指摘したりしようとは、誰も思えません。しかし、謙虚で、自分は完璧ではないと周りに言えるリーダーなら、リーダーに対する信頼が高まり、問題を指摘できるようになります。

学級経営を進める上では、子供の力が必要です。子供の考えや意見を取り入れることが必要です。そして、子供が声に出しにくいことにこそ、学級経営の改善点があるものです。そもそも教師がリーダーとして振る舞えるのも、子供あってのことです。

リーダーが謙虚で、話しかけやすい雰囲気があるなら、子供たちは、学級経営の弱点を率直に伝えてくれるようになります。言いにくいことも言える雰囲気を学級に生み出さなくてはなりません。なお、教師が自分の弱みを開示できるようであれば、子供は思います。「自分も失敗してもよい」「自分に間違いや弱みがあることを認めてもいい」と。

こうして、リーダーの態度によって、学級の心理的安全性の有無が決まるのです。

教師こそ自分の失敗を語ればよいのです、弱みを見せてもいいのです。自分が子供だったときの失敗を語るのでもかまいません。その失敗のおかげで、今は立派にできるようになったと、教えたらいいのです。これも、失敗は悪いことではないという経験の共有になる上に、教師が弱みを見せているので、自分も失敗してもいいとか、教師に対して間違いを指摘していいと思える機会となるのです。

3 小さな声に耳を傾けよう

リーダーに話しかけやすい雰囲気ができると、子供たちは様々な相談をしてくるようになります。

サーバント・リーダーシップの重要な対応が、「傾聴」と言われます。相手の話に心と耳を傾けて聞きます。関心をもって、うなずきながら、共感的に聞くようにします。相手はリーダーに話を聞いてもらえ、自分の気持ちを吐露できるため、満足感を得ることができます。自分のことをわかってもらいたい、思いや願いをわかってもらいたい。誰もがそう願っているからです。

学級経営の改善点、教師の改善点が指摘されるかもしれません。「話が長いときがある」「説教がくどいときがある」「提出物のチェックが細かすぎる」など、様々な改善点を子供が指摘することがあります。

他にも、「宿題提出のやり方を変えたほうが効率がよくなる」「学級のここのシステムが機能していない」など、学年が上がるほどに様々な指摘を教師にしてくるようになります。その声に耳を傾けるのです。そして、子供の意見を積極的に取り入れるようにするのです。リーダーにとって、自分を批判されるほどつらいことはありません。

しかし、一人一人の思いや願いの中には、必ずリーダーに対する批判や不満も入るものなのです。リーダーからすると、「リーダーへの非難や不満」に思えてしまいますが、子供にとっては違います。当の子供はと言えば、リーダーを非難し、不満をぶちまけたいと思っているのではありません。単に自分をもっと評価してほしいとか、もっと自由に活動できるようにしてほしいとか、素直な思いや願いに過ぎないのです。

つまり、よかれと思って、善意で言っているわけです。だからこそ、建設的な批判だと教師は受け止めなくてはいけません。むしろ、心理的安全性のないところでは、批判めいたことは言えません。批判めいたことを言えるということは、心理的安全性が学級に確保できている証拠なのだと、教師である自分をほめたらいいのです。

意見を求めることも行いたいことの一つです。

例えば個人面談の際、

「最近の学級の状態はどう思うか？」

「差別をしているとかいじめをしているとか、そういうことはないか？」

「満足はしているか？」

「改善点はあるか？」

といったことを尋ね、意見を求めるのです。

意見を求められた子供は、教師から頼りにされていると思えます。だからこそ、次もまた学級をよりよくする意見を言おうと思えるのです。

そして、最後に教師は感謝を伝えます。率直に意見を言ってくれたこと、思いや願いを語ってくれたことに感謝をするのです。質問をして、傾聴し、感謝する。このセットで、教師に対して意見を言える心理的安全性は高まってくるのです。

 子供側の経験からアイデアを募る

個別に話を聞く際、どういうときに安心して過ごせるか、子供の体験から語ってもらうことも効果的です。心理的安全性の確保のために、子供の意見を参考にするのです。
教師が考える「これはよい学級だ」とか「これをすると心理的安全性が確保できる」ということを実行していくのは大切です。
ですが、もう一つ大切な視点があります。それは実際に学級にいる子供たちに、一人一人の経験を基にして、「どうしたら安心して過ごせる学級をつくれるのか」を話してもらうことです。
私の場合、個人面談の時間を定期的にとっていたので、安心して過ごせる学級にするためにどうしたらいいか、困っていることはないか、を尋ねていました。子供自身に、学級で安心し

て過ごせているか、不安や恐れなく発言・行動できるか、を振り返ってもらいます。そして、どうしたら心理的安全性が確保できるかを考えてもらいます。

もちろん、子供一人一人のニーズは違います。「教師にもっと相談に乗ってもらいたい」という「教師の姿勢」に対する要望もあれば、「気兼ねなく自由に発言できる雰囲気をつくってほしい」といった「学級の雰囲気」に対する要望など、様々なものが出されます。「温かい声かけができる関係をつくりたい」といった「対人関係」への要望も出されるかもしれません。

子供がもっている実感、要望を自由に語ってもらいます。出された「要望」が、そのまま、**「子供から見た心理的安全性を確保するためのアイデア」**になっています。そして、今の学級経営に足りなかったものが見えてきます。教師側から提供するアイデアと、子供側から提供されるアイデアを両方実行することで、相乗効果が発揮されます。

学級は毎年様子が違います。いじめる子が複数人いることもありますし、威張っている子が多いこともあります。学級の状況によって、子供が考える「安心・安全」の確保の仕方が違ってくるのです。子供の小さな声に耳を傾け、心理的安全性を子供と一緒につくっていく姿勢をもたないといけないのです。

リーダーシップを使い分ける

Leadership

リーダーシップの類型を知り使い分ける

心理的安全性を確保するためにリーダーシップは不可欠

■心理的安全性の確保に有効なリーダーシップ■

サーバント・リーダーシップ	セキュアベース・リーダーシップ
「まず相手に奉仕し、その後、相手を導いていく」というリーダーシップ。集団の一人一人の行動を、効果的、快適に遂行できるよう援助することを大切にする。	リーダーがチームの安全基地のような存在となることで、メンバーの果敢な挑戦を促すというリーダーシップ。セキュアベースとは、「心の安全基地」という意味。

この２つだけでは、様々なケースに対応しきれない…

だからこそ…

他のリーダーシップの活用が望ましい場合もある。

コーチング主体のリーダーシップ	PM型のリーダーシップ
ハンブル・リーダーシップ	オーセンティック・リーダーシップ

エンパワーメントを取り入れる

Empowerment

「任せる」ことで学級がよりよく動く

エンパワーメントとは…

「権限の委譲」を意味する言葉。企業などにおいて、従業員の能力や自立心を育てるため、権限を与えて任せることを意味する。

マイクロマネジメント

（チームのメンバーに対する過度な監督や干渉）

責任感のある教師ほど、過度に監督・干渉したがる。マイクロマネジメントが、やる気をそぐばかりか、心理的安全性さえも奪っている場合がある。

だからこそ…

子供に「任せる」場面をつくる！

エンパワーメントの効果

①当事者意識
学級をつくっているのは自分たちだ

②信頼
自分たちでやっていいんだ

③協力・協調
チームで頑張ることができた

心理的安全性の高まりにつながる！

おわりに

活動前に、子供たちに一言伝えます。

「この問いには正解はありません。ですから、自由に意見を言ってかまいません。間違っていてもかまいません。様々な意見を出して、考えを広げてほしいのです」

たった一言ですが、言わなかったときよりも話し合いは活発になります。まず、「様々な意見を出して考えを広げる」という「活動のゴール」を、チームが共有できました。また、「様々な意見を出すこと」という「活動の仕方」もチームで共有できました。さらに、チームの中に、「間違った意見でもかまわない」「間違っても非難されない」という雰囲気もできました。活動前のたった一言で、心理的安全性が高まり、個々の動きが変化し、チームの活動の質が上がったのです。その変化は驚愕に値するほどです。

心理的安全性を確保する取組には、ひょっとすると「自然とやっていた」「無意識のうちにやっていた」ものがあったかもしれません。しかし、「自然と」「無意識に」では、「行き当たりばったり」の域を抜け出していません。

「心理的安全性」という理論を理解し、「心理的安全性を確保して、高いパフォーマンスを発揮させよう」と意図して、計画的に行えるからこそ、力のある教師なのです。

「心理的安全性を確保する」と常々思っていると、その場に適した取組ができるようになります。例えば活動前に、「前回の活動のよかったところをまず3分程度振り返らせ、今日の活動の頑張る点をチームで共有させてから、活動を開始させよう」などと、新しい取組を思いつくかもしれません。「こうしよう」と意図するからこそ、「やり方」は後から見えてくるのです。

本書で紹介した心理的安全性を確保する取組には、次のカテゴリーがありました。

1　集団の関係性をよりよいものにするための取組（CHAPTER2）
2　集団によい雰囲気を生み出すための取組（CHAPTER3）
3　リーダーである教師の考え方と行動を変えるための取組（CHAPTER5）

さらに細かく見ると、それぞれのカテゴリーには、次の具体的な取組がありました。

①リーダーの考え方・行動を変えるための取組
②個々の考え方・行動を変えるための取組
③集団の雰囲気を変えるための取組

このような視点で、本書を再度眺めてほしいと思います。きっと、体系的に俯瞰で理解することができるはずです。心理的安全性を確保する理論と方法を知った読者の皆さんは、きっと大きな成果を上げることができるでしょう。

心理的安全性は、個人やチームのハイパフォーマンスのために必須となります。しかしながら、心理的安全性はなかなか確保できないものでもあります。子供はどうしたって、教師という権威には及び腰になりますし、また、友達や保護者などの評価も気にしないわけにはいきません。ただ、このようなもともとある「緊張感」は、悪いことではないのです。高い目標への挑戦も、緊張感の中でやっていることです。また、友達と切磋琢磨する関係になると、緊張感が発生します。緊張感は悪くありませんし、完全になくそうとしなくてよいものです。適度な緊張感の中で、心理的安全性を確保できると、個々もチームも最も学べ、最も成長でき、成果を出せるのです。

心理的安全性を確保する取組は、学級経営には不可欠です。心理的安全性がなければ成長はないのだと、教師が自覚する必要があります。心理的安全性を確保できてくると、子供たちは、自由に意見を表明できるようになります。自由に意見が言えるようになってきたら、心理的安全性が高まってきたと判断できます。

学級経営の最終段階として、「自治」や「高い目標への挑戦」があります。最終段階までくると、子供が自分で考えて、自分から動くようになります。教師一人が、授業も集団づくりも全てを管理してやろうとするよりは、子供に任せる場面が多くなります。子供だけのチームで動くことも多くなります。学習の質を高めようと思ったら、子供だけのチームで学習を進めることも必要です。また、よい学級をつくるために、子供で結成されたチームが独自で動くこともあるでしょう。

「自治」も「高い目標への挑戦」も、心理的安全性が確保できていなければ、実現できないものです。心理的安全性があってこそ、教師一人の力に頼らない、子供たちも参画する学級経営が可能になるのです。

令和5年2月　大前暁政

- Edmondson, A. C.（1999）「Psychological Safety and Learning Behavior in Work Teams」, Administrative science quarterly 44 (2), pp.350-383
- Edmondson, A. C.（1996）「Learning from mistakes is easier said than done: Group and organizational influences on the detection and correction of human error」, Journal of Applied Behavioral Science 32 (1), pp.5-28
- Edmondson, A. C.（2003）「Speaking up in the operating room: How team leaders promote learning in interdisciplinary action teams」, Journal of Management Studies 40 , pp.1419-1452
- エイミー・C・エドモンドソン［著］、野津智子［訳］（２０１４）『チームが機能するとはどういうことか』、英治出版
- エイミー・C・エドモンドソン［著］、野津智子［訳］、村瀬俊朗［解説］（２０２１）『恐れのない組織』、英治出版
- ピョートル・フェリクス・グジバチ［著］（２０１８）、『世界最高のチーム　グーグル流「最少の人数」で「最大の成果」を生み出す方法』、朝日新聞出版
- ロバート・K・グリーンリーフ［著］、金井壽宏［監訳］、金井真弓［訳］（２００８）『サーバントリーダーシップ』、英治出版

・エドガー・H・シャイン［著］、ピーター・A・シャイン［著］、野津智子［訳］（２０２０）『謙虚なリーダーシップ　１人のリーダーに依存しない組織をつくる』、英治出版

・Schein, Edgar H. and Bennis, Warren G.（1965）「Personal and organizational change through group methods : the laboratory approach」, Wiley

・Schein, Edgar H. and Bennis, Warren G.［著］、伊藤博［訳編］（１９６９）『Ｔ－グループの実際：人間と組織の変革 第１』、岩崎学術出版社

・Schein, Edgar H. and Bennis, Warren G.［著］、古屋健治・浅野満［訳編］（１９６９）『Ｔ・グループの理論：人間の組織の変革 第２』、岩崎学術出版社

・J. R. Detert and A. C. Edmondson（2011）「Implicit Voice Theories: Taken-For-Granted Rules of Self-Censorship at Work」, Academy of Management Journal 54 (3), pp.461-488

・アルフレッド・アドラー［著］、岸見一郎［訳］（２０２０）『人はなぜ神経症になるのか〈新装版〉』、アルテ

・ドゥエナ・ブロムストロム［著］、松本裕［訳］（２０２２）『心理的安全性とアジャイル「人間中心」を貫きパフォーマンスを最大化するデジタル時代のチームマネジメント』、翔泳社

・ジョージ・コーリーザー［著］、スーザン・ゴールズワージー［著］、ダンカン・クーム［著］、東方雅美

［訳］（２０１８）『セキュアベース・リーダーシップ　〈思いやり〉と〈挑戦〉で限界を超えさせる』、プレジデント社
・松村亜里［著］（２０２２）『誰もが幸せに成長できる 心理的安全性の高め方』、ＷＡＶＥ出版
・石井遼介［著］（２０２０）『心理的安全性のつくりかた』、日本能率協会マネジメントセンター
・青島未佳［著］、山口裕幸［監修］（２０２１）『リーダーのための心理的安全性ガイドブック』、労務行政
・Fredrickson B. L.（2001）「The role of positive emotions in positive psychology：The broaden-and-build theory of positive emotions」, American Psychologist 56（3）, pp.218-226
・Bowlby, J.（1988）「A Secure Base: Clinical applications of attachment theory」, Routledge
・Ringelmann, M.（1913）「Recherches sur les moteurs animés: Travail de l'homme」, Annales de l'Institut National Agronomique 2nd series 12, pp.1-40（原典はフランス語）
・Zajonc, R. B.（1965）「Social Facilitation」, Science 149, pp.269-274
・ジョン・ボウルビィ［著］、二木武［監訳］（１９９３）『母と子のアタッチメント：心の安全基地』、医歯薬出版社

- Ainsworth, M. D. S.（1982）「Attachment:: Respect and Prospect」, Colin Murray Parkes, & Joan Stevenson-Hinde (Eds.), The Place of Attachment in Human Behavior, Routledge, pp. 3-30
- ロバート・キーガン［著］、リサ・ラスコウ・レイヒー［著］、中土井僚［監訳］、池村千秋［訳］（２０１７）『なぜ弱さを見せあえる組織が強いのか　すべての人が自己変革に取り組む「発達指向型組織」をつくる』、英治出版
- 三隅二不二［著］（１９８６）『リーダーシップの科学―指導力の科学的診断法』、講談社
- 苫米地英人［著］（２０１１）『夢をかなえる方程式』、フォレスト出版
- 大前暁政［著］（２０１６）『学級経営に活かす 教師のリーダーシップ入門』、金子書房
- 大前暁政［著］（２０２０）『本当は大切だけど、誰も教えてくれない 学級経営 42のこと』、明治図書出版
- 大前暁政［著］（２０２０）『本当は大切だけど、誰も教えてくれない 教師の仕事 40のこと』、明治図書出版
- 斎藤喜博［著］（１９６９‐１９８４）『斎藤喜博全集』、国土社
- 大前暁政［著］（２０２２）『できる教師の「対応力」―逆算思考で子どもが変わる―』、東洋館出版社

著者略歴

大前　暁政

京都文教大学教授

岡山大学大学院教育学研究科（理科教育）修了後、公立小学校教諭を経て、2013年４月より京都文教大学に着任。教員養成課程において、教育方法論や理科、教職実践演習などの教職科目を担当。「どの子も可能性をもっており、可能性を引き出し伸ばすことが教師の仕事」ととらえ、学校現場と連携し新しい教育を生み出す研究を進めている。文部科学省委託体力アッププロジェクト委員、教育委員会要請の理科教育課程編成委員などを歴任。理科の授業研究が認められ「ソニー子ども科学教育プログラム」や「日本初等理科教育研究会優秀論文賞」に入賞。研究分野は、理科教育、教育方法、学級経営、生徒指導、特別支援教育、科学教材、教授法開発、教師教育など多岐に及ぶ。

主な著書

- 『できる教師の「対応力」－逆算思考で子どもが変わる－』（東洋館出版社）
- 『教師１年目の学級経営』（東洋館出版社）
- 『まちがいだらけの学級経営　失敗を成長に導く40のアプローチ』（明治図書出版）
- 『学級担任が進める通常学級の特別支援教育』（黎明書房）
- 『本当は大切だけど、誰も教えてくれない 学級経営 42のこと』（明治図書出版）
- 『実践アクティブ・ラーニングまるわかり講座』（小学館）
- 『なぜクラス中がどんどん理科を得意になるのか』（教育出版）
- 『学級経営に活かす 教師のリーダーシップ入門』（金子書房）
- 『子どもを自立へ導く学級経営ピラミッド』（明治図書出版）　など多数

心理的安全性と学級経営

2023（令和5）年2月16日　初版第1刷発行
2024（令和6）年2月 1 日　初版第2刷発行

著　者　大前暁政
発行者　錦織圭之介
発行所　株式会社　東洋館出版社
〒101-0054　東京都千代田区神田錦町2丁目9番1号
コンフォール安田ビル2階
（代　表）電話 03-6778-4343　FAX 03-5281-8091
（営業部）電話 03-6778-7278　FAX 03-5281-8092
振替 00180-7-96823
https://www.toyokan.co.jp
装　丁　中濱健治
組　版　株式会社明昌堂
印刷・製本　株式会社シナノ

ISBN978-4-491-05076-8　Printed in Japan